Una Vida Sin Estrés

Una Vida Sin Estrés

*10 claves para librarte del estrés,
motivarte y vivir plenamente*

Ramiro Castillo

Aimee SBP™
Aimee Spanish Books Publisher
www.AimeeSBP.com
1(888) AIMEE 41   1(888) 246-3341

Aimee SBP™

Aimee Spanish Books Publisher
www.AimeeSBP.com
1(888) AIMEE 41   1(888) 246-3341

Una Vida sin Estrés

Ramiro Castillo

ISBN-10: 1-516800-54-0

ISBN-13: 978-1-516800-54-4

Copyright © 2015 By Aimee Spanish Books Publisher
All rights reserved. No part of this book may be reproduced in any form without written permission from the publisher.

Todos los derechos son reservados. Ninguna parte de esta publicación, incluido el diseño de cubierta, puede ser reproducida, almacenada, transmitida o utilizada en manera alguna ni por ningún medio ya sea electrónico, óptico, de grabación o electrográfico, sin el previo consentimiento de la editorial, excepto cuando se utilice para elaborar reseñas de la obra, críticas literarias y/o ciertos usos no comerciales dispuestos por la ley de Copyright.

Printed in the USA

Siempre he dedicado

todas mis metas y logros

a Dios.

Y este logro se lo doy

a Él nuevamente.

Ramiro Castillo

Quien no controla su nivel de estrés está propenso al envejecimiento prematuro o a padecer una serie de enfermedades que directa o indirectamente deterioran el interior y exterior de nuestro cuerpo

Dr. Cesar Lozano

Índice

13   Prólogo del Dr. César Lozano

17   Introducción

18   Recomendaciones al lector

19   Cosas que deberías reflexionar antes de leer este libro

24   Pasos importantes para el aprovechamiento de este libro

29   Primera Clave: *Decisiones*

51   Segunda Clave: *Da Esperanza, Amor y Fe*

61   Tercera Clave: *Piensa correctamente*

79   Cuarta Clave: *Busca a tu Ser Supremo*

91   Quinta Clave: *Busca agradar a tu Ser Supremo*

101   Sexta Clave: *Vive tu presente*

115   Séptima Clave: *Cree en ti*

135   Octava Clave: *Vive sirviendo a tu prójimo*

143   Novena Clave: *Olvida el futuro*

161	Décima Clave: *Nunca es tarde*
175	Epílogo
177	Mi sueño
179	Frases y Reflexiones
189	Acerca del Autor
193	Otras obras del Autor

Prólogo

El estrés es considerado como el asesino silencioso, ya que en forma sutil y constante nos va destruyendo poco a poco, no solo físicamente sino también nuestras relaciones interpersonales al hacernos más irritables, menos sociables y con un nivel de tolerancia sumamente bajo.

Quien no controla su nivel de estrés está propenso al envejecimiento prematuro o a padecer una serie de enfermedades que directa o indirectamente deterioran el interior y exterior de nuestro cuerpo.

Agradezco a quienes se preocupan por compartir información oportuna sobre éste tema tan importante y trascendente. Especialmente a quienes lo hacen de una manera práctica, interesante, amena y certera como lo está en el libro que tienes hoy en tus manos.

Ramiro Castillo, autor de *Una vida sin estrés*, es un apasionado del deporte en el cual ha obtenido grandes logros específicamente en el Tae Kwon Do, siendo el deporte para mi una de las mejores estrategias que yo he encontrado para controlar mi nivel de estrés.

Conferencista en temas de superación personal y escritor de tres libros, hoy nos presenta 10 claves para liberarte de éste enemigo que nos asecha día y noche como lo es el estrés.

Dentro de sus interesantes recomendaciones incluye el apoyo del poder supremo, lo cual sinceramente me cautivó ya que siempre he creído que somos mente, cuerpo y espíritu; y cuando estos tres fundamentos de nuestro ser están en armonía vivimos con más alegría y plenitud.

Estoy convencido que podemos cambiar nuestro estilo de vida por dos importantes razones: porque aprendimos las lecciones o porque tocamos fondo.

Estoy seguro que el conocimiento es la mejor forma de aprender y que *Una vida sin estrés* te dará las técnicas y herramientas para inculcar hábitos que eviten que en futuro tengamos que cambiar por tocar el fondo.

No olvidemos que el problema más grave nunca es ni será lo que nos sucede, sino como reaccionamos a lo que nos sucede.

Felicidades Ramiro y deseo que éste libro tenga el éxito que merece.

Dr. César Lozano
Escritor, Conferencista Internacional
y conductor de radio y televisión

Ramiro sabe llegar a sus lectores de una manera simple y directa. Todo el que lea el libro se podrá identificar con los ejemplos reales que Ramiro usa para transmitir sus ideas y consejos para vivir sin estrés. Recomiendo este libro a todos aquellos que busquen mejorar sus vidas.

—Sung Ho Kim
Master en Tae kwon do

Ramiro sabe llegar a su audiencia de una manera fácil, directa, y usando ejemplos vividos con los cuales los lectores pueden identificarse y aplicar sus consejos. Todos podemos sacar algo provechoso que podemos aplicar de inmediato a nuestro diario vivir. Una vez que empieces a leer no podrás parar hasta terminarlo, te lo recomiendo.

—Carlos Garcia
Especial Education Teacher
Head Instructor of TKK Taekwondo

Envejecer es obligatorio, crecer es opcional. Todos envejecemos sin necesidad de pedir ayuda o consejo a alguien, se da en un proceso natural sin siquiera darnos cuenta. Crecer como seres, por su parte, implica un proceso permanente de aprendizaje en el que la ayuda y orientación de otras personas se hace indispensable. Aunque todo ser humano de alguna forma es un maestro porque siempre sabe o conoce algo que nosotros no sabemos y necesitamos, muy pocas veces contamos con la fortuna de en-

contrarnos con personas como mi amigo Ramiro Castillo, un ser maravilloso, sencillo, sereno que al tratarlo se convierte en un maestro que ilumina nuestras vidas con su humildad, con su entusiasmo y especialmente con su vocación de servicio. Su sabiduría brota de su corazón en una forma tan diáfana y natural que nos hace sentir confiados y esperanzados en que siempre encontraremos algo mejor.

Su fe en Dios, su anhelo de superarse ayudando a otros a superarse, su búsqueda permanente de fórmulas que nos conduzcan al éxito y la felicidad, su deseo vehemente de ver a los demás triunfando y felices, de ver a sus semejantes disfrutando de su paz interior alejados de cualquier forma de estrés, convierten a Ramiro en un mentor espiritual de trascendencia. Leer sus libros, escuchar sus audios, asistir a sus conferencias, representa para muchos seres un oasis en el desierto, un orientador rayo de luz en la obscuridad y una mano sabia y confiable que nos acerca a Dios.

Insto a todas las personas que están en un proceso de superación personal para que se nutran con tus obras. Ramiro, Dios te siga bendiciendo y dando sabiduría para que sigas iluminando al mundo con tu presencia y con tus sabios mensajes.

Recibe un gran abrazo con todo mi afecto y admiración.

—Guillermo Villa Ríos

Introducción

En estos tiempos la gente vive estresada, de mal humor y muy aprisa. El estrés es un mal de nuestros días. Estamos en busca de paz y prosperidad al mismo tiempo, pero ¿existirá una clave que te de la paz y la prosperidad a la vez?

Quiero compartir Diez Claves que te darán lo que busca tú corazón, pero solo si te comprometes y persistes. Este libro te brindará diez consejos que no debes olvidar. También te compartiré diez misiones que traerán excelentes resultados en tu vida, pero solo si las llevas acabo este proceso te ayudará a ver los problemas con una perspectiva positiva y te impulsará a vivir con alegría y encontrar paz interior.

También compartiré muchas experiencias de personas como tú. Sus nombres han sido cambiados para proteger su identidad y respetar su privacidad. Pero todas estas historias son reales. Estoy seguro de que te identificarás con más de una de ellas.

Si te gustaría tomar mejores decisiones y experimentar armonía, en vez de angustia. Este libro es para ti. Recuerda que eres capaz de crear cosas extraordinarias, pero tú eres el dueño de tus decisiones.

¿Te gustaría transformar tu vida?

Continúa leyendo y lo descubrirás. Estás invitado a experimentar esta maravillosa aventura. ¡No te arrepentirás!

Recomendaciones al lector

Este libro contiene diferentes filosofías. Mantén una mente receptiva y toma provecho de cada uno de ellas. Quiero aclarar que este libro no es religioso. No intenta inculcarte una creencia que no sea de tu agrado. Pero te invita a tener una mente abierta para aprender.

- ❖ Asegúrate de leer un solo capítulo por semana. Significa que para terminar el libro, te tomará entre dos meses y medio. Lo cual es un buen tiempo para experimentar nuevas experiencias.

La finalidad es experimentar lo que aprendes. Al final de cada capítulo encontrarás una misión. Te recomiendo que la practiques en tu rutina diaria por los siguientes seis días. Yo creo que la misión es la más importante para ver un cambio en tu vida.

Deja a un lado tus títulos, posición económica, carrera o experiencias. Tú no me conoces, ni yo a ti. Pero tenemos algo en común, tu cuerpo, mente y corazón; funcionan de la misma manera. Si en verdad te comprometes y practicas las misiones de este libro; después de un mes, no serás la persona de antes. Cosas maravillosas sucederán en tu vida.

Cosas que deberías reflexionar antes de leer este libro

Existen tres elementos que son universales: el amor, la ira y las decisiones. Sin importar tu nacionalidad, tu lenguaje, tu religión, tu estatus económico o tu fisonomía; si eres famoso, con mucha educación o si no tienes religión. La verdad es que eres un ser humano y estos tres elementos forman parte de tu vida.

El amor: Es el afecto o cariño que nace entre dos personas. En otras palabras, si la amistad, la familia y los matrimonios existen; significa que existe el amor.

La ira: sentimiento fuerte de rechazo o antipatía hacia una persona o cosa a la cual se le desea un mal. Las guerras, el maltrato, asesinatos y peleas precisamente viene de este elemento.

Las decisiones: Esto está relacionado con nuestro libre albedrío, el cual nos da la libertad de tomar nuestras propias decisiones al odiar o amar.

Estoy seguro de que en diferentes momentos de tu vida, te has preguntado el porqué de tu angustia y el vacío que existe en tu corazón. Sé que muchas veces has sentido un sentimiento dentro de ti. Que ni tú sabes qué es, pero te lastima.

Sé que has escuchado a personas decir: "odio hacer esto, me molesta eso, no soporto hacer esto". Pero otras dicen: "amo esto, me encanta esto y soy feliz trabajando". Somos humanos, por lo tanto estos elementos forman parte de nuestro ser.

Yo te pregunto: ¿quién ha muerto sin haber experimentado estos elementos? ¿Conoces a alguien? No creo que exista.

El estrés es algo que proviene de todo lo que te rodea. Tal vez por tener muchas actividades, negocios y una vida muy aprisa es que estás muy estresado. El remedio al estrés de las actividades es ser organizad, no mal invertir tu tiempo, enfócate en las cosas más importantes y ten disciplina para alcanzar tus objetivos. Esto te mantendrá concentrado y te ayudará a eliminar el estrés de tus actividades.

¿Pero qué pasa si el estrés proviene de otras cosas? Que ni tú mismo entiendes: la violencia, guerras, división de religiones, la política, la falta dinero o simplemente el vacío que existe dentro de ti.

Sin embargo, te has dedicado a lo externo y te has olvidado de tu interior... De ahí donde provienen las fuerzas, la fe, la esperanza y el amor. De tu espíritu, tu alma o como lo desees llamar.

De las muchas investigaciones que he hecho. He llegado a una conclusión. Todas las religiones y leyes están en busca de la realización humana. Todas están enfocadas en dar esperanza al ser humano y a ayudarlo a vivir en paz. La ley del karma, causa y efecto, el "secreto", etc. Son leyes y te ayudan a reconocer que eres lo que piensas y te trasformas en lo que decides.

Pero sin embargo todas nos exhortan a trabajar en nosotros, para crear un resultado a nuestro alrededor. Yo diría que están arraigadas a una sola verdad. La de vivir en paz con nosotros mismos y con nuestro prójimo.

Te estarás preguntando, ¿cómo vivir en paz con el mundo tan descontrolado de hoy y si es posible encontrar armonía?

¿Sabes algo? El mundo en que vivimos es el resultado de la manera de pensar de nosotros mismos. Todo lo que nos separa de la paz, son pensamientos e ideas del ser humano. No de religiones o leyes.

La misión de este libro es que reconozcas que todos estamos en un solo camino y en un solo mundo. Y que sin importar a que religión pertenezcas, seas un político, campesino, o persona millonaria. Todos somos humanos, de carne y hueso y todos estamos arraigados a las mismas leyes universales. Somos personas con pensamientos y sentimientos. Sin importar cuánto dinero y conocimiento tengas. Seguirás siendo una persona más en este mundo. Por lo tanto experimentaras ira; pero también amor; angustias pero también alegría; fracasos pero también éxitos etc.

Más que motivarte, te invito a concientizar las causas que te han llevado a vivir una vida desbalanceada y con estrés. En el trascurso de este libro te darás cuenta de la manera en que tú mismo has creado tu realidad y tu vida.

¡Esta es la verdad! ¿Estás de acuerdo conmigo? Y aunque no lo estuvieses. Déjame te comparto tres verdades en las cuales lo estarás.

1. Verdad #1: Todos algún día moriremos y nadie sabe cuándo.
2. Verdad #2: Todos tenemos solo 24 horas.
3. Verdad #3: Nadie sabe con exactitud tus pensamientos y sentimientos. Solo tú.

Estas son tres verdades por las cuales deberíamos estar unidos. Pero cabe decir que por las circunstancias que vivimos, la gente piensa diferente. Estamos en busca de un buen título educativo, una buena cantidad de dinero, una mejor posición, una religión o simplemente encontrarle un sentido a la vida.

Mucha gente cree que al tener muchos negocios, una buena carrera, o tener mucha fama, esto los llevará a ser más felices y tener paz. No estoy diciendo que esto no es importante, Pero sé que conoces a personas que trabajan demasiado y no se cansan de desear. Luchan, se esfuerzan, persisten y obtienen mucho, pero al final observarás que muchos de ellos no están satisfechos. ¿Por qué?

Porque eso no alimenta tu alma. Te has hecho la pregunta ¿por qué en ocasiones necesitas de algo material para ser feliz? ¿Recompensa para seguir motivado o de alguien que te ame, para sentirte valorado?

Te preguntarás: ¿Es posible vivir sin estas cosas?

Mi respuesta es un rotundo "si". Toda persona que tiene paz en el corazón, no necesita agradecimientos, recompensas ni mucho menos de la aprobación de alguien para sentirse valioso. En este libro te presentaré a alguien que vivió una vida con paz en su corazón, sin recompensas, ni dinero, ni mucho menos esperando que lo amaran. El avanzó y encontró el camino del amor.

Recuerda que la verdadera prosperidad es cuando tienes paz. Son pocos los que reconocen esto. Te sorprenderás de las maravillas que comenzarán a llegar a tu vida. Solo enfócate en tener paz en tu corazón.

Tal vez dirás que tener paz, no pagará tus impuestos, tu comida y tus necesidades. Bueno, lo que has leído es solo el inicio del libro, las respuestas a estas inquietudes las encontrarás en el transcurso del libro.

Amigo empresario, comerciante, ama de casa, inmigrante, estudiante, joven o adulto. No sé cuáles son tus sueños, anhelos y metas. Tampoco se los obstáculos que enfrentas. Pero te aseguro que sin importar que tan grande sea el sufrimiento que padeces, solo se que si pones en práctica las diez claves que aquí describo, y aceptas el reto de cumplir las diez misiones que encontrarás en este libro. Experimentaras una paz muy grande dentro de ti.

No significa que tus problemas se terminarán. No he dicho eso. Pero la vida será más divertida y emocionante. No para los demás, pero si para ti mismo. Esta riqueza no tiene precio. Te sentirás que eres útil, serás más feliz y tendrás mucho entusiasmo. Y cuando esto suceda, las bendiciones y la prosperidad siempre estarán de tu lado.

Jesús dijo: "Busquen el reino de Dios y hacer su voluntad. Todo lo demás vendrá por añadidura" (Mat. 6:33-34) Por ahora solo te puedo decir: busca paz interior. Tener paz es mejor que tener lujos, fama y mucho dinero. ¿¡Estás listo!?

Pasos importantes para el aprovechamiento de este libro

Primer paso: Aprende

Mantén una mente abierta al leer este libro. Después de que termines de leerlo tú mismo desecharás lo que no te ayuda, y conserva en lo profundo de ti, todo aquello que te ayuda a vivir en armonía. Los conceptos en este libro podrían no ser lo que tu religión profesa o tal vez hasta podrían estar en contra de tus creencias. Si esto es así, yo te preguntaría: ¿Qué sientes cuando alguien no está de acuerdo contigo? Los sentimientos de angustia que sientes cuando alguien no piensa igual que tú ; son sentimientos que no deberías experimentar. Las cosas que ves y escuchas, no deberían molestarte cuando tienes paz interior.

Segundo paso: Persiste

Si te dijera que para encontrar la paz, tienes que llevar a cabo estas claves por diez años, ¿cuál sería tu reacción? Probablemente la misma de mucha gente que dice: "es demasiado tiempo". Tú decides: Estos diez años de preparación y trabajo continuo, o por el contrario, una vida llena de frustración. La gota de agua rompe la roca no por su fuerza pero si por su perseverancia.

No seas flojo, de ahora en adelante necesitas comenzar a prepararte y a tomar acción. Existen miles de libros que podrían ayudarte a encontrar la solución a eso que te roba la paz.

La falta de lectura es la falta de conocimiento y la falta de conocimiento muchas veces atrae el estrés. Te recomiendo leer libros de superación personal, júntate con gente positiva, di cosas positivas de ti mismo y a la gente. Busca con afán acercarte más a tu religión y persiste en llevar a cabo las diez misiones que este libro te compartirá.

Tercer paso (y el más necesario): Reconoce

Es necesario reconocer que la mayoría de lo que nos sucede, es resultado de nuestra propia conducta. La ley de causa y efecto dice: "toda palabra o acción dirigida hacía los demás, es tan solo el árbol que te dará el fruto multiplicado que recibirás en tu futuro". Un árbol de naranjas, dará naranjas dulces. Un árbol de limones, te dará limones agrios. Eres el resultado de tus pensamientos, como de tu propia conducta.

Alejandro Enrique dice: "tus acciones son una semilla que tarde que temprano darán fruto".

En la Biblia, Mateo 7:16 dice: "Por sus frutos los conocerás." Eclesiastés 19:30 dice: "Del modo de vestir, de reír y caminar manifiesta lo que un hombre es".

Sé que estarás pensando: "No todo lo que sucede es mi culpa". Déjame decirte que estás en lo cierto. No todo lo que sucede a tu alrededor es tu culpa. Pero sí lo que existe *dentro de ti* y eso solo tú lo puedes cambiar.

¿Eres una persona que ha estado viviendo una vida recta? ¿Tal vez has pensado en rendirte? ¿Tal vez ya estás en el camino de vicios y placeres? ¿Tal vez estas buscando salir de todo lo que te atormenta para experimentar paz en tu vida? Estás en el lugar indicado. ¿Estás listo para iniciar?

De ahora en adelante no observes de quien viene el consejo o la crítica. Toma ventaja de todo eso. Muchas veces la barrera a la superación es por esto. Esperas que los mejores consejos vengan de una persona sin defectos; cuando en efecto, no existe persona perfecta. Recuerda que una mente abierta al aprendizaje, es una mente sabia. Una mentalidad cerrada, es una mentalidad sin sabiduría.

—Cesar Lozano

Primera Clave:
Decisiones

> *No olvides que el 90% para encontrar paz interior, dependerá de los valores de tu familia, los libros que leas y con la gente que te relaciones. Tal vez no tuviste la educación adecuada, la infancia perfecta, pero tienes la decisión de cambiar tu futuro hoy.*
> —John Maxwell

La gente se queda intrigada cuando les digo que la vida, la felicidad, el éxito, la paz interior y todo lo que existe, fue el resultado de una decisión. La gente siempre se pregunta si esto es verdad.

¿Cuál sería tu opinión acerca de esto? ¿Estás de acuerdo conmigo?

Antes de escribir tuve que tomar una *decisión*, la cual fue, elegir el tema de este libro. Completar este libro me tomó un gran esfuerzo, pero valió la pena. Ahora es todo tuyo y espero que la primera *decisión* acertada que tomes, sea el continuar leyéndolo hasta llegar a su última página. Después de que lo termines, tu siguiente *decisión* será, si pondrás en práctica la misión que se te encomienda.

¿Te das cuenta? todo es una decisión: ¿La vida está hecha a base de decisiones, sí o no?

Sino estas completamente seguro o segura. He aquí una lista de decisiones tomadas, las cuales cambiaron por completo la vida de estas personas.

Grandes decisiones:

"He decidido salirme de mi casa, porque ya no soporto a mis padres"

—Armando Mercado, 17 años

"He decidido quitarme la vida. Este mundo es miserable"

—Alba Ordóñez, 22 años

"He decidido abortar a mi hijo. No me imagino a mi hijo sin su padre"

—Alexandra Padilla, 18 años

"Tengo sida, pero he decidido disfrutar mis últimos días de vida, siendo feliz"

—Rodrigo Amaya, 35 años

"Sé que no tengo muchas oportunidades, pero estoy cansado de que la gente se burle de mí. He decidido luchar hasta ser alguien en la vida"

—Carlos Bernardino, 29 años

Pequeñas decisiones:

"He decidido luchar, amar, aprender, perdonar, ir a la universidad, bajar de peso este año, darme otra oportunidad, no hacer caso a las críticas, cambiar de actitud, no tener relaciones sexuales antes del matrimonio, valorarme a mí mismo/a, respetar las personas, ser honesto/a, leal, integro/a, etc."

Esta es una breve lista de las muchas decisiones que se están tomando diariamente en la mente de diferentes personas. Tienes que reconocer que las *decisiones pequeñas* son aquellas en las que deberías enfocarte, para evitar enfrentarte más tarde con las decisiones grandes.

Por ejemplo, si tomaras la decisión de no tener relaciones sexuales hasta el matrimonio, podrías estar evitando encontrarte algún día en la situación de Alexandra Padilla y Rodrigo Amaya. Si tomaras la decisión de luchar, perdonar, darte otra oportunidad, no escuchar las críticas de la gente, cambiar de actitud, y valorarte a ti mismo/a, podrías evitar la situación de Armando Mercado.

Existen muchas otras razones que empujan a una persona a tener pensamientos suicidas, o tristemente a llevarlo a cabo, como lo hizo Alba Ordóñez. Algunas de estas razones podría ser: no tener apoyo de nadie, estar embarazada sin saber quién es el padre, ser víctima de agresión, problemas familiares, decepción amorosa, tener alguna enfermedad terminal, abuso, deudas, maltrato en el trabajo, la pesada carga de dificultades en tu familia etc.

Tal vez ella no es la culpable de su situación, y por eso tomó esta decisión. Pero la mayoría de nosotros estamos en situaciones en donde podríamos tomar una pequeña decisión, que nos llevará a evitar una grande. Muchos estamos en una situación muy favorable. Tomemos ventaja de eso. Reconoces que salir de ese hoyo de estrés; es tu decisión.

Recuerda que así como las grandes decisiones. Las pequeñas también afectan tu diario vivir. De la misma manera que a ti te afectan, también afectarán a las personas que te rodean. Recuerda que grandes o pequeñas, cualquier decisión que tomes, tendrá un *resultado* o *consecuencia*.

Podrías estar a punto de tomar la decisión de Armando, Alexandra, o Carlos Bernardino —o alguna otra no mencionada—. No importa cuál tengas en mente. Es necesario recordar que tus decisiones ponen en descubierto lo que piensas. Pero que tú, nadie más que tú, es el único responsable, de todos tus resultados.

Erick Torres, un amigo mío que no tiene brazos dice: "Las acciones, son el resultado de tus pensamientos, la discapacidad no significa tener una deficiencia física. La discapacidad es no saber controlar tus reacciones y pensamientos. Piensa en grande, acciona en grande y vive en grande. Para atrás, ni para tomar impulso".

Decisiones Interiores

Los dolorosos sentimientos que tu corazón siente y los pensamientos de tu mente, son la razón de tu actitud. Existen personas que aparentan estar bien, cuando en realidad no lo están. ¿Alguna vez has disimulado alegría, cuando en tu corazón hay tristeza? ¿Cuántas veces has dicho que amas, cuando en realidad aún guardas rencor? Actuar de una forma diferente no significa que el sentimiento de culpa, angustia o tristeza desaparecerá. Aunque de cierta forma ayuda, pues el escritor y conferencista Cesar Lozano dice: "comienza actuando y terminarás creyendo".

Significa que en ocasiones fingir que eres feliz, te ayudará a levantar tu autoestima. Pero también estoy de acuerdo con la gente que dice: "es necesario que reconozcas la raíz de tu malestar y elimines este sentimiento". En mi audio libro, *Cómo ser feliz en los momentos difíciles*, lo explico muy claramente. Un árbol no muere cortándole las ramas, pero si lo hará si cortamos las raíces. Busca más a fondo el malestar de tu inseguridad, miedo o infelicidad y corta las raíces. Te darás cuenta que poco a poco tus heridas sanarán.

Los sentimientos y pensamientos destructivos que destruyen tu paz interior son:

1. La tristeza. Es un fuerte sentimiento. Te destruye por dentro. Te detiene y te quita las ganas de seguir adelante. ¿De dónde viene la tristeza? De muchas situaciones como las de Alba Ordóñez.
2. La venganza. Es otro enemigo. Se alimenta de rencor, codicia y vanidad. Este enemigo te destruye por dentro, te atrae problemas y te lleva a vivir una vida de tensión.
3. El deseo. Buda Gautama decía: "Del deseo surge el dolor; del deseo surge el miedo. Pero todo aquel que está libre del deseo no siente dolor ni mucho menos miedo".
4. La envidia. Es desear lo que el otro tiene. Podrías llegar al grado de desear mal a la gente exitosa.
5. La mentira. Mentir es perder la confianza de todos. Transformarte en una persona no confiable hará que pierdas muchas oportunidades en la vida.
6. La desesperación. Es el estrés por no poder lograr el éxito. No olvides que la clave para alcan-

zarlo está en la paciencia que tengas para esperar que se manifieste.
7. Menospreciar. Es quedarte solo, por no apreciar a la gente.
8. La agresión. Es acumular enemigos diariamente.
9. El miedo. Es un fuerte sentimiento de impotencia.

¿Te roban la paz todos estos sentimientos y pensamientos destructivos? ¡Claro que sí! Todo esto proviene de tu interior y te roba la armonía si dejas que formen parte de tu vida. Las emociones negativas podrían llevarte a tomar una mala decisión. Las reacciones agresivas, son el resultado de los sentimientos negativos estancados en tu interior y que te van destruyendo poco a poco.

Si has tenido una infancia llena de dolor es común que experimentes estos sentimientos. La realidad es que tú mismo te destruyes. Es necesario reconocer que tienes solo dos opciones: dejar que las malas situaciones te atormenten o tomarlas como aprendizaje.

¿Te gustaría eliminar todos estos sentimientos y pensamientos destructivos de tu mente? Si tu respuesta es sí. Te invito a reflexionar las siguientes tres preguntas y te reto a cumplir las misiones de este libro. Iniciemos con las preguntas:

1. ¿Te hieren físicamente, cuando la gente te ofende, humilla o te maldice?
¡Claro que no! Lo grandioso de este mundo es que eres diferente y piensas diferente. Lo malo es que muchas veces las actitudes o palabras de otros te lastiman.

Esto sucede sólo si tú lo permites. Si quieres malgastar tu existencia, entonces vive la vida preocupado por lo que la gente piensa de ti. Pero, por el contrario, si quieres disfrutar la vida, entonces piensa en cómo te sientes de ti mismo.

Cuando sabes que estás haciendo lo correcto no necesitas la aprobación de los demás, sus opiniones, ni mucho menos que te halaguen. No eres más grande cuando alguien te alaba. Pero tampoco pequeño cuando alguien te humilla. La grandeza de tu ser, es saber que eres tú mismo y nada más.

Esta es la satisfacción de las personas que son felices. Ellos saben que no han hecho daño ni lastimado a nadie. El mejor regalo que puedes darte a ti mismo es tener tu conciencia tranquila. Cuando logres no sentirte mal por lo que ves y escuchas, te aseguro que lo que suceda a tu alrededor será algo que no te lastimará. Recuerda que cuando mueras, haya en el cielo darás cuentas de ti mismo y tus acciones, no del comportamiento de los demás. Así que asegúrate de estar bien con tu Creador, no con la gente.

2. Envidiar a la gente. ¿Te da prosperidad?

Martín Valverde dice: "la envidia no siempre es desear lo que el otro tiene. Muchas veces la envidia se transforma en deseos malos a nuestros semejantes. Al grado de desear que les vaya mal en el negocio, que no le acepten la solicitud de empleo, que falle en la competencia, etc." La envidia te hará perder la tranquilidad. Solo te hará pensar en que la vida es injusta.

Culparás a la gente y a las situaciones por tu mediocridad. Te quedarás angustiado, en lugar de actuar diferente, y entonces conseguir algo positivo para ti.

3. Guardar rencor a la gente. ¿Te dará felicidad? ¡Claro que no! Guardar rencor a alguien, es como cargar con una pesada roca en tus espaldas. La pregunta no debería ser: ¿cómo perdonar si me han hecho tanto daño? La pregunta debería ser: ¿merezco sufrir tanto por no perdonar? Si perdonas, te liberas, pero si odias, te lastimas a ti mismo.

Perdonar es poner en libertad a un prisionero
y darte cuenta que ese prisionero eras tú.
—autor desconocido

La gente maravillosa no humilla, menosprecia, miente, agrede, envidia o maldice. La gente fenomenal como tú, aman, perdonan y llevan una vida de paz. Respirando es como se vive, riendo es como se disfruta, pero solo perdonando y dejando los rencores atrás, es como se encuentra la paz.

Ahora te pregunto ¿Estás listo para perdonar? Yo creo que deberías hacerlo, mereces ser libre.

En la vida solo existe una cualidad. La cualidad de amar. Toda persona que deja el amor a un lado y lo remplaza por el odio, es quien por todo se siente ofendido. La llave que abre o cierra este espacio es nada menos que el perdón. Así que la pregunta del millón es: ¿Cómo perdono?

El primer pasó es reconocer que eres tú quien pierde paz interior al no perdonar. Sabemos que perdonar no es olvidar. ¿Entonces como perdonar si no puedes olvidar?

El segundo paso es tener misericordia. Jesús dijo cuándo estaba en la cruz. "Padre perdónalos, no saben lo que hacen." (Luc. 23:33-34) Él tenía el poder de bajar de la cruz y destruirlos si así Él lo hubiese deseado. Sin embargo Jesús tuvo misericordia de ellos.

No mereces vivir una vida de estrés y dolor, solo porque otros te han hecho algún daño. Reconoce que eres tú el que sufre. Tener misericordia de los que te lastiman es lo mismo que amar, y si amar es una decisión, significa que podemos hacerlo.

San Francisco de Asís, un gran imitador de Jesús dijo que existen tres grados de perdón.

1. Perdonar a Dios.

No porque Dios haya hecho algo malo, sino porque nosotros lo hemos hecho culpable de muchas cosas. Lo culpamos del divorcio de nuestros padres, la pérdida de un ser querido, las enfermedades en nuestra familia, la violencia, las guerras, el hambre, el sufrimiento y de toda clase de obstáculo que padecemos en esta vida. Son cosas de las cuales Dios no tiene la culpa, y tampoco está enojado por tus reclamos. Él quiere que lo busques. Desde que Dios libero a los israelitas de Egipto, las generaciones han venido ofendiendo a Dios con su conducta. En cambio Él siempre los ha perdonado y dado otra oportunidad.

Recuerda que "Dios aborrece el pecado pero ama al pecador" (Samuel 8:6-9). Esto significa que no importa que tan mal este tu vida. Él está en espera para abrazarte y perdonarte. Saber que Dios te ama, te ayudará a curar esa herida de culpabilidad. ¿Tal vez no te sientes merecedor de su amor? Sin embargo, Él está en la espera de que reconozcas tus faltas y hacerte libre. Inicia perdonando a Dios.

2. Perdonar a los demás.

Ten misericordia de las fallas de tus semejantes. Ten compasión al que te maldice, ofende y quien te hace daño. En tus manos está la decisión. No sigas viviendo con esa espinita de rencor que te roba la paz. Martín Valverde también añade que el padre nuestro nos dice: "Perdónanos como también nosotros perdonamos". Significa que en el padre nuestro quien pone la medida somos nosotros. De la misma manera que perdonemos, amemos, ayudemos, humillemos, maldigamos y critiquemos a los demás, será lo mismo que obtendremos en la vida. Lo mismo dice la ley del Karma, "en medida que demostremos amor, en la misma medida recibiremos". Lucas 6:37-42 dice: "De la misma manera en que tratamos a nuestros semejantes, de la misma manera Dios nos tratará".

¿Suena como si Dios fuera malo verdad?

La realidad es que no es así. Dios solo deja que el resultado de nuestras acciones se manifieste. En la historia del hijo prodigo está claro. El padre entrega la herencia a su hijo cuando este se la pide. A pesar de que el hijo toma la decisión de abandonar su hogar, el padre se la concede. Cuando el hijo se termina toda la herencia vuelve sin un solo centavo; derrotado, hambriento y arrepentido. Su padre lo abraza y le hace una fiesta en honor a su regreso. El padre creía que estaba muerto, pero regreso. ¿Te gustaría leer la historia? La puedes encontrar en Lucas 15:11-32.

Cuando nos olvidamos que valemos mucho, y le damos mucha importancia a las venenosas actitudes y palabras de la gente. Nos volvemos como el hijo prodigo. En otras palabras, Dios no le agrada cuando sufrimos, pero tampoco evita que tengamos pensamientos malos, decisiones erróneas y sentimientos destructivos. Todo esto son decisiones nuestras. Y más aún, Él no puede evitar que llevemos a cabo acciones dañinas; Estas decisiones las tomamos nosotros.

No te arruines el día por cosas pequeñas y decide amar a Dios. Recuerda que solo el amor te da la paz y el perdón te libra de tus cargas interiores. Lo difícil no son los obstáculos o las personas negativas. Lo duro es perdonar, amar y ayudar a todo aquel que te hace daño. La persona que alcanza este nivel, es la persona que encuentra paz en su corazón.

¿Alguna vez has ayudado a quien te ha traicionado, maldecido, humillado o criticado? Verdad que no. Siempre Buscamos solo hacer el bien a quien nos ama. Este libro te invita a amar sin importar lo que la gente hable de ti. Sin importar si la gente te apoya. Sin importar si la gente no reconoce tú esfuerzo. Recuerda que entre más derrotas tengas, más fuerte serás. Entre más obstáculos, más experiencia. Lo que sucede a tu alrededor te preocupa y estresa, pero no como tus pensamientos y sentimientos. Por esta razón no permitas que las malas experiencias controlen tu autoestima. En otras palabras, tú eres el único responsable de encontrar paz y quien debe tener el control de tu vida.

Te preguntarás: ¿cómo perdonar a los demás si no me piden perdón?

Personas que te lastimaron o que lastimaste podrían no seguir vivos. Si este es el caso, esta es mi recomendación. Antes que todo me gustaría que vayamos paso a paso, no leas la siguiente instrucción hasta haber llevado acabo la anterior. ¿Estás listo?

- En un cuarto a solas, has una lista de toda la gente que te ha hecho daño. Podrían ser tus propios padres, hermanos y familiares.
- Luego medita y encuentra el momento que provocó tu rencor.
- Después de encontrar las raíces de tu dolor, imagínatelos enfrente de ti. Siéntelos, huélelos y vive una vez más su presencia. Reclama, di lo que sientes y lo que te molesta. Si en esos instantes, tienes ganas de llorar, no te reprimas, llora.
- Presiona con fuerza el papel y expresa libremente lo que sientes. Necesitas expulsar todo ese rencor de tu corazón. Un vaso lleno de agua salada, tiene que ser vaciado, antes de ser llenado de agua dulce. Expulsa tu dolor, este ejercicio te ayudará mucho. No te deprimas y expulsa todo. El alivio que sentirás es enorme.
- Después de revivir esos momentos, respira profundo. Ahora di a cada uno de ellos que los perdonas y que te liberas de la atadura que no te deja vivir en paz. De ahí en adelante comprométete a recordarlos con amor. Colócalos en las manos de tu creador y sigue tu vida.

- Ultimo paso. Deja el orgullo a un lado y has una lista de las personas a las cuales crees que has lastimado y hecho mucho daño. Pide perdón a cada una de esas personas. Cuando hables con ellos, te recomiendo pedir perdón en general. No entres en detalles del momento, el día, el año, etc. Di que lo sientes, y que lamentas el daño que hayas causado en los años que llevan de conocerse. Las reacciones de esas personas podrían no ser como lo esperas. No te defiendas solo escucha, no te exaltes y deja que expresen su punto de vista. Cumple con pedir perdón y después continúa con este proceso.

Si las personas ya no están en vida, has el primer ejercicio, pero ahora imagínate que eres tu quien pide perdón. Todo esto, dará paz a tu conciencia, porque te librarás de la culpabilidad de haber causado daño y por personas que te han hecho daño. Tu corazón quedará libre de las ataduras del pasado.

3. Perdonarte a ti mismo

Después de haber hecho los ejercicios anteriores, acepta que no eres un ser perfecto y que cometerás errores. Todos aprendemos algo nuevo cada día. Necesitas cometer errores para mejorar. Necesitas fallar muchas veces antes de triunfar.

Perdónate y acéptate tal y como eres. Ni siquiera tus padres eligieron tu fisonomía. No quieras cambiar nada de ti. En estos tiempos existen maneras de cambiar tu apariencia física. Olvídate de eso, tú ya eres único e irrepetible; es un privilegio ser como eres.

Nunca olvides: Las *decisiones* de nuestro *interior*, son las que definirán nuestras *acciones* en nuestro *exterior*. En otras palabras, tú decide si dejas que todo lo que sucede a tu interior te lleve a actuar incorrectamente. Nadie más que tú sabe lo que siente tu corazón y nadie más que tú debería saber que cuando tomas buenas decisiones, obtendrás mejores resultados.

Decisiones exteriores

De la misma manera como un carro con un motor descompuesto no avanza. De la misma manera, un corazón lastimado, te lleva a tomar decisiones incorrectas.

Las decisiones exteriores son las que afectarán nuestro estado de vivir. Podrías tener ahora mismo un pensamiento positivo o la idea de hacer algo incorrecto. Pero nada de esto instruye tu vida, a menos que lleves a cabo estos pensamientos de tu mente. Cuando las buenas intenciones se trasforman en acciones. Es aquí donde tu vida comienza a tener resultados positivos, sobre todo si estas acciones se convierten hábitos. Estos buenos hábitos estarían controlando tu vida.

¿Estás teniendo buenos o malos resultados?

Si no experimentas paz en tu vida, significa que estás trasformando pensamientos negativos en acciones. Recuerdas el dicho que dice: "Las personas se les conoce por sus acciones, no por sus palabras." Por esta y muchas razones, asegúrate de estar bien contigo mismo y de que tus pensamientos sean de amor. Recuerda que si tus pensamientos son buenos, tus decisiones hacia lo externo serán excelentes.

Déjame decirte que por los razonamientos negativos que tiene nuestra mente. Mucha gente, tanto jóvenes como adultos han tomado la decisión de morir. Miles de personas en el mundo se suicidan diariamente. Pero también millones de personas han decidido que su vida tiene sentido, y que son especiales para el mundo. Por cada pensamiento trasformado en acción, obtendrás un resultado. Nadie dijo que serías un ser perfecto. Pero estás invitado a vivir con alegría.

Si crees que las acciones negativas están invadiendo tu vida. Te recomiendo salir de tu rutina por unos minutos. Aléjate del mundo por unos instantes. Observa el cielo, camina a solas, observa la naturaleza, disfruta del viento rozando tu rostro, medita, baila, respira profundamente o simplemente haz algo que te agrade mucho. No te quites la satisfacción de volver a jugar, si eso te fortalece. No te niegues la oportunidad de hacer algo que te hace feliz. Olvida lo que la gente dirá de ti. Recuerda que alimentar tu alma, es fortalecer tu espíritu. Todas estas cosas te ayudan a tener un autoestima sano.

He aquí dos historia reales que llevaron a dos personas a tomar malas decisiones.

"Mi nombre es Óscar Cárdenas, tengo 30 años de edad. Me encuentro en la cárcel pagando por una decisión. Así como tú ahora te encuentras leyendo este libro, yo también ya había leído muchos parecidos. Libros que te recomiendan pensar antes de tomar decisiones. Libros que te recomiendan controlar la ira ante las situaciones.

Caminando en la calle, un sábado por la noche, un hombre me pidió dinero, pero como no le di, se molestó y me comenzó a ofender. Sentí tanto coraje que dije: 'adiós a esos consejos absurdos que dicen que nadie te lastima verbalmente'. Mi orgullo fue más grande. Tome la decisión de enfrentarlo. Pero cuando estaba a punto de atacarlo, sacó un cuchillo. Mi primera reacción fue tomar un pedazo de madera que encontré a mi alcance. Cuando trató de atacarme. Le di un golpe en la cabeza y murió. Ahora estoy aquí en la cárcel pagando por esa decisión tomada. Una sola decisión que surgió de mi interior. Esto cambio mi vida exterior. No duermo en las noches pensando cómo estarán mis padres y mis hijos. Reflexiono muchas veces y pienso… Pude haberlo ignorado como en otras ocasiones lo hice. Pero ya es demasiado tarde".

Otro ejemplo me lo compartió una de mis amigas. Ella me dijo:

"Me duele decir que ya es tarde para arrepentirme, ya no puedo regresar el tiempo. Siempre pensé que a mí no me sucedería. Observé a mis amigas llevar una vida de libertinaje y en apariencia les iba muy bien. Se me hizo fácil vivir igual. Desearía regresar el tiempo y haber tomado una mejor decisión, pero ya es tarde. Me embaracé sin saber quién es el padre de mi hijo. Como madre soltera, solo me queda luchar por este niño que ahora es la razón de mí existir"

Joven o adulto que lees estas líneas, no te frustres por estar llevando una vida recta, no pierdas la paz por ver a la gente llevar una vida de libertinaje y que en apariencia les va bien. Millones de personas viven en esta etapa. Creen que la vida es vivir los placeres y que es algo normal.

En conclusión:

En la vida no podrás evitar quedar embarazada o querer evitar una pela cuando ya estás envuelto(a) en el problema. Pero puedes prevenir estas situaciones al evitar frecuentar lugares riesgosos y ponerte en situaciones que comprometan tu salud, tu sexualidad y tu seguridad.

Yo he caminado de noche muchas veces. He tenido la misma Experiencia de Óscar. La gente te agrede verbalmente. Si respondes de la misma manera, el rumbo de tu vida podría cambiar radicalmente.

No necesitas nada para encontrar paz, solo una decisión y tomar acción de querer tenerla. Reconoce que no tienes alas para volar, pero tienes una imaginación que te ayuda a crear todo lo imposible. No tienes miles de dólares en tu cuenta de banco, pero tú puedes decidir hacer acciones de paz. No tienes una enorme casa, pero deberías tener una enorme esperanza. Te puede faltar mucho para ser el mejor del mundo, pero debería sobrarte fe para no rendirte.

Mucha gente dice nunca haber estado en la cárcel. Pero son prisioneros de su propia infelicidad. Dicen nunca haber asesinado a nadie, pero dejan que su esperanza muera. Dicen nunca haber robado un banco, pero con sus acciones negativas ya están robándole a su mente un pensamiento de amor.

No tener paz en tu vida, es más doloroso que estar encerrado en una prisión. El problema nunca ha existido afuera. Es solo cuestión de enfrentar lo que sucede en tu interior. No necesitas asesinar a nadie para tener la mente intranquila. Tú mismo puedes matar esas oportunidades que la vida te da. ¿Cómo? Tomando decisiones negativas en tu vida.

Te recomiendo mejor buscar tu pasión por vivir. ¿Cómo la encontramos? La respuesta es muy sencilla.

En mi libro "El éxito eres tú" escribí: que todo en lo cual no dejas de pensar y lo que no te cansas de hacer, podría ser tu pasión. Estoy hablando de cosas sanas por supuesto. Mi pasión es escribir, para otros cantar, para muchos bailar y para algunos, los deportes. Descubre cuál es tu pasión por vivir y te darás cuenta que la vida es una aventura.

Es preciso nunca olvidar que la vida está hecha de decisiones. Muchas que tomados en el pasado, y muchas que necesitamos tomar hoy. Tú eres quien decide qué te hace feliz, qué te lastima, qué te alegra, qué te frustra, etc. Pero nunca olvides que detrás de una acción buena, siempre hubo un pensamiento de amor. Los asesinatos, la política, las divisiones, los divorcios y todo lo que está alrededor tuyo, fueron pensamientos. Ahora son resultados que forman parte de este mundo. Por esta razón te comparto cuatro situaciones en las cuales es necesario *no* tomar decisiones.

1. Cuando estés muy enojado(a). La mayoría de las veces, la agresión física inicia por una persona que está enojada. En un momento de furia Caín mato a su hermano Abel.

2. Cuando te sientas solo(a). Muchos jóvenes y adultos por sentirse solos, buscan salida en las drogas, las pandillas y en el alcohol.

3. Cuando creas que estás enamorado(a). Miles de personas se suicidan por una decepción amorosa o se

hunden en la tristeza. O soportan el maltrato de su pareja por creer que están enamorados/as.

4. Cuando te sientas culpable. Mucha gente está triste y decepcionada por creer que todo es culpa de ellos. Esto los lleva a tomar malas decisiones.

En otras palabras, tú eres el único responsable de tu infelicidad. Tu eres el único (o la única) que controla tus decisiones y así sean buenas o malas, tú decides llevarlas a cabo. Asegúrate de estar tomando buenas decisiones. Porque más tarde podrían no tener solución. Te invito a leer Mateo 6:19-24 para conocer acerca de la mejor decisión que podrías tomar en tu vida.

Recomendaciones de la primera clave:
Decisiones

- Decide hacer algo bueno para ti todos los días
- Decide ser feliz hoy
- Aprende de los errores de los demás y evítalos
- Decide un mejor camino y no un mejor momento
- Decide ser tú mismo, pero abierto a todas las posibilidades de aprender
- Decide ser el conductor de tu vida
- Piensa antes de tomar una decisión, ya sea pequeña o grande

La misión para esta semana es **hacer un inventario de todo lo bueno y positivo que tienes y eres. Y también, de ahora en adelante, reflexionar antes de tomar una decisión.**

Pide sabiduría a Dios para actuar de una manera correcta. Piensa con más misericordia antes de responder con enojo. Busca la paz en todo el día y evita discusiones. Que tus acciones muestren lo que llevas dentro. Lo que va a suceder en los próximos días te sorprenderá. El día que comiences a pedir perdón, muchos te apoyarán, otros te criticarán, otros dirán: "y a este, ¡qué le pasó!, ¿desde cuando ya se porta mejor?" No dejes que cualquier comentario negativo interrumpa tu progreso. Cada uno se preocupa por sí mismo y en este caso, es tu vida, no la de alguien más. Ahora cierra el libro, medita lo que has leído y prepárate para tu nueva aventura. Nos vemos en el próximo capítulo.

Recuerda que la vida está hecha a base de decisiones.

Segunda Clave:
Da Esperanza, Amor y Fe

Da lo que tienes para que merezcas recibir lo que te falta

Dime, ¿cómo te fue en tu primera semana? ¿Estás tomando mejores decisiones? Si llevaste acabo lo recomendado, significa que estás cambiando. Nadie da lo que no tiene y si has iniciado una nueva vida. Ahora es tiempo de compartir lo que llevas dentro. ¡Continuemos!

Recuerda que la vida te dará según lo que tú das. La ley del karma afirma que por cada acción en el plano espiritual, hay una reacción igual y opuesta. Esto significa que si se da felicidad, experimentarás felicidad. Si se das tristeza experimentarás tristeza en igual medida. Dicho de otro modo, sea cual sea la emoción que yo haga que otro experimente, ultimadamente, se convertirá en mi propia experiencia. Por eso es importante que antes de continuar con este capítulo, hayas hecho los ejercicios que se te recomendaron en el capítulo anterior.

Todos sabemos que existe mucha gente que ayuda. Gente con un corazón muy generoso y una mentalidad de querer cambiar al mundo. ¿Te encuentras tú en este grupo?

Dios dice: "no acumules tesoros en la tierra, donde los ladrones se la pueden robar, acumula tesoros en el cielo en donde nadie las puede tocar" (Mat. 6:19-23), "Lo esencial para vivir es agua, pan, vestido y una casa para vivir" (Ecl. 29:21-22) y "Quien responde con favores prepara el porvenir" (Ecl. 3:31).

¿Por qué te presento estas citas bíblicas? Simplemente porque, para compartir, no tienes que estar muy enfocado a tener en abundancia. Toda persona que piensa en tener mucho, le será más difícil contribuir. Esta gente esta obsesionada con obtener más y más. Trabajan mucho y cuando algo no resulta bien se frustran. La riqueza es como la sal, cuanto más la comes más sed te da. Todos sabemos que cuando compartimos, estamos dando un valor a nosotros mismos. Tal vez en ocasiones la gente no lo agradezca, pero esto no debería detenerte a seguir ayudando.

En una ocasión comenté esto a un grupo de gente, les dije que "el compartir es como un imán que atraerá armonía y paz". Esta fue su respuesta: "pero Ramiro, yo no tengo nada que brindar".

Amigo que lees este libro, recuerda que al escuchar atentamente al que te habla, ya estás dando un valor; cuando dices algo alentador, ya estás dando esperanza; y al hacer un acto de generosidad, ya estás haciendo algo bueno por la humanidad.

Es muy fácil compartir con los que nos comparten, escuchar al que nos escucha, amar a los que nos aman y visitar al que nos visita. Todo lo contrario a lo que Dios quiere que hagamos. "Él nos pide amor a los enemigos y orar por los que nos persiguen" (Mateo 5:43-48).

Ayudar es un don maravilloso. Cuando brindas esperanza no estás perdiendo nada, y estás ganando mucho. Los actos de amor son como un alimento para tu alma, los cuales te ayudarán a encontrar paz.

Si tu pregunta es: "¿ayudar, me dará paz interior?" Mi respuesta es "sí".

Por esta razón no esperes que te ayuden, apoyen, escuchen, etc.

¿Por qué? Porque esto no siempre sucederá. Y porque lo que en verdad debería causarnos felicidad, es dar esperanzas. No olvides que quien aprende a dar amor, fe y esperanza, sin preocuparse de recibir una recompensa, alcanza un equilibrio que lo ayuda a encontrar paz en su interior. Sin duda alguna esta persona no se incomoda cuando no le agradecen, no se molesta cuando alguien lo critica, no envidia lo que otros tienen, ni mucho menos sufre cuando alguien no lo ama. La felicidad de esta persona es dar a los demás y por esta y muchas razones, ya es feliz.

Recuerda que para darlo todo, no necesitas de algo. Solo de una personalidad humilde. Nunca olvides que la paz está con las personas que están dispuestas a dar y no en recibir. Si eres una persona generosa, encontrarás paz.

Nunca olvides compartir amor, porque la recompensa está en las alturas no en la tierra. Quien se esfuerza por dar fe a la gente, no se queda sin recompensa. No te inquietes por dar mucho y recibir poco. Quien premia tu bondad no es la gente, sino la vida. Disfruta de la satisfacción que sientes en tu corazón cada vez que ayudas. Solo comparte amor, fe y esperanza. Te aseguro que la vida te lo regresará triplicado en bendiciones. Esa es la ley de Dios.

Cuando Dios nos pidió que compartiéramos, no hablo de lo material. Él se refirió al amor. El pide que demos esperanza y fe. Por eso nunca esperes que te agradezcan, y si lo hacen, que mejor motivación para seguir dando. Pero si no lo hacen, no te hacen ningún daño.

Nunca olvides que envidiar a los demás, es desearles abundancia. Desearles abundancia, es desearte a ti mismo lo mejor. Porque todo lo que deseas a los demás es lo que recibirás en abundancia.

Por eso es preciso desear bendiciones a todos.
Enfócate en las personas. Deséales éxito, abundancia y entrégales mucho amor. Agrega palabras agradables, halagos y valora a toda persona en tu vida. Pero sobre todo hazlo de corazón.

Cuando la necesidad de ayudar crece en ti, también crece el amor por compartir. Cuando esto sucede, te transformas como un jardín hermoso. Las abejas siguen a las flores por su hermosura. La prosperidad sigue a las personas que ayudan por su corazón misericordioso. Yo sé que es difícil pensar en ayudar cuando observas a otras personas hacer lo contrario y ellos reciben mucho de la vida.

No olvides que las personas son diferentes y es normal que a algunos no les guste compartir. Nunca olvides que si ayudas, la paz gobernará tu corazón; y si gobierna tu corazón gobernará tu cuerpo; si gobierna tu cuerpo, gobernará tu hogar; si gobierna tu hogar, gobernará tu vecindario; si gobierna tu vecindario, gobernará tu ciudad; si gobierna tu ciudad, gobernará el gobierno; y si el don de ayudar llega al gobierno, el mundo será gobernado por la ayuda. No nos compliquemos, sabemos dónde iniciar. Asegúrate de que el don de ayudar gobierne tu vida.

No necesitas ser un científico o investigador para darte cuenta que el hambre, la pobreza y la falta de recursos son el resultado del egoísmo de la humanidad. Si no reconoces que el egoísmo es lo que nos lleva a perder la paz, siempre vivirás en desarmonía. Y si estás en desarmonía contigo mismo, no serás capaz de ver lo que en verdad te ayuda.

Recuerda que si ayudas, entonces la vida misma te recompensará con mucho más de lo que das.

El secreto para tener mucho en la vida

"Hijo mío nunca olvides mis enseñanzas. Práctica mis mandamientos pues te traerán días en abundancia, años de vida y bienestar. No dejes que se retire de ti el amor y la fidelidad. Átalas a tu cuello grábalas en tu corazón, así tendrás aceptación y éxito, ante Dios y ante los hombres. Confía en el Señor con todo tu corazón. Y No te fíes de tu inteligencia. Cuenta con él en todos tus caminos y el enderezara todas tus sendas" (Prov. 3:1-12).

"Escucha, hijo mío, recibe mis palabras y vivirás largos años. Te guiare por el camino de la sabiduría y te conduciré por sendas rectas. Cuando camines tus pasos no vacilaran, aunque corras no tropezaras. Aférrate a la instrucción, no la dejes; consérvala, que en esto te va la vida" (Prov. 4:10-13).

Todos sabemos que el dar es una virtud, y que la prosperidad llega cuando sigues las reglas que son: Compartir, amar y vivir una vida de paz. Por esta razón cuando tengas la oportunidad de compartir, hazlo; cuando tengas la oportunidad de dar esperanza a alguien, dala. Busca hacer un acto de amor todos los días y encontrarás tranquilidad en tu vida. Cuando ayudas, estás alegrando dos corazones, el tuyo y el de la persona a la cual has ayudado.

Actos de amor

Dejar pasar a alguien primero en una puerta y sostenérsela cuando entra. Ayudar a pasar la calle a una persona anciana, ceder el asiento en el autobús o tren subterráneo. Regalar una botella de agua al policía de tránsito. Existen miles de situaciones donde podríamos hacer actos de generosidad. Por la vida tan aprisa que tenemos no observamos esas oportunidades.

Las grandes oportunidades ya no regresan y sin duda son las que más dejamos pasar. ¡Es tiempo de aprovéchalas!

Abrazar es una oportunidad. Perdonar es una oportunidad. Decir te amo es una oportunidad. Compartir es una oportunidad.

En otras palabras, cuando abrazas, le das la oportunidad a tu corazón de sentir algo bueno. Cuando perdonas, le das la oportunidad a tu alma de sentirse libre. Cuando dices te amo, te das la oportunidad de vivir en paz con la gente. Cuando ayudas, estás dando la oportunidad de que el mundo gire a tu favor. Todo esto, te da la oportunidad de vivir una vida de paz.

Es cierto que no sabemos lo que tenemos hasta que lo perdemos. Pero también es cierto, que no sabemos lo que nos hemos estado perdiendo, por estar enfocados en solo querer recibir en vez de dar.

Recomendaciones de la segunda clave:
Da Esperanza, Amor y Fe

- ❖ Entrega un valor diario a 10 personas
- ❖ Ayuda al anciano, al niño, adulto, hermano, padres etc.
- ❖ Comparte confianza, amor, valores, respeto y honestidad
- ❖ Apoya a quien es más débil, en vez de detenerlo
- ❖ Convive con todo aquel que te rodea
- ❖ Enseña a tener esperanza
- ❖ Entrega todo de ti, en cada área de tu vida

Tu misión en esta segunda semana es que **brindes amor a la gente. Da palabras de aliento a todo aquel que te rodea. Comparte la grandeza de tu corazón.**

Hacer esto te ayudará para no frustrarte cuando no veas ningún resultado de lo bueno que has hecho. No necesitas de dinero o cosas materiales para ayudar, solo de una decisión de colocar palabras buenas en tus labios. Mañana en la mañana dile a tu hijo o hija que estás orgulloso de ellos, abrázalos y diles cosas lindas. En el trabajo di a tus amigos que te da alegría verlos, a tu jefe que admiras sus cualidades, a tu pareja que es hermosa o guapo. Inclusive busca decir algo bueno a quien no le agradas. Ahora cierra este libro, sigue tomando mejores decisiones y has actos de AMOR todo el día.

1. Recuerda que la vida está hecha a base de decisiones.

2. Recuerda, que la vida te dará según lo que tú das.

Antes de continuar con el tercer capítulo quiero hacerte varias preguntas.

¿Has tenido dificultada para decir algo amable. En especial a aquellas personas con las cuales no te llevas bien?

¿Te ven diferente porque has cambiado tu actitud?

¿Crees poder continuar con la siguiente misión?

¿Te han dicho que tu comportamiento es extraño?

Tu vida está teniendo un proceso de trasformación. Te invito a continuar.

Tercera Clave:
Piensa correctamente

Pensar bien es el fruto de la racionalidad, a los veinte anos reina la voluntad, a los treinta el ingenio y a los cuarenta el juicio.

–Baltasar Gracian

Recuerda que nuestro peor enemigo, es uno mismo. Lo que sucede en tu vida es el resultado de un pensamiento. Lo que has logrado hasta ahora, comenzó como un pensamiento. Todo lo que te limita o lastima es porque tú lo has permitido. Tienes que asegurarte de pensar correctamente, para que tus acciones sean buenas. Si tus acciones son buenas, tu futuro será excelente. No busque vivir una vida sin estrés, sino has hecho nada por vivirla. En otras palabras, tú tienes el control de tu vida y de cómo aceptas las cosas que suceden en tu alrededor. Si en verdad quieres pensar correctamente; he aquí algunas recomendaciones.

No creas que las cosas del mundo te darán la felicidad si tú mismo no te has hecho feliz. En otras palabras, tú tienes el control de tu vida. Y siempre será pensar correctamente.

Busca algo positivo siempre

No todo lo que te sucede es negativo.
Dentro de cada circunstancia existe algo positivo.

Hasta para el dolor más grande,

existe una medicina que se llama amor.

Es preciso que busque lo positivo de tus obstáculos.

A lo que tú llamas algo difícil, alguien lo llama algo nuevo. A los problemas, alguien los llama oportunidades. A la tristeza, alguien lo llama reflexión. A los fracasos alguien los llama experiencia. Recuerda que siempre existirá alguien que ya ha superado un sinfín de obstáculos. Esto significa que tú también puedes superar tus dificultades.

La causa de todo mal en tu vida es tu mente y la manera incorrecta de tus pensamientos, la causa de todo éxito es tu mente y estos pensamientos. El sufrimiento está solo en tu mente. Cada pensamiento positivo o negativo es una herramienta para hacerte más fuerte o hundirte en la conmiseración.

¿Crees que la gente se sale con la suya cuando te humilla? Eso no es así. Ellos están reforzando tu don de amar. Todo aquel que busca hacerte daño, en realidad te ayuda a ser mejor. Pero todo depende de cómo tomes las críticas y ofensas.

No te frustres, no busques controlar lo que la gente hace o piensa. Busca controlar tus propios pensamientos. Nada ni nadie te puede detener, solo tú puedes hacerlo. Puedes bloquearte a lo bueno de la vida y creer que todo está mal o dejas a un lado las quejas y te haces responsable de tus pensamientos

El doctor Cesar Lozano, un conferencista muy reconocido dice: "las críticas son como regalos que nosotros decidimos aceptar. Pero si rechazas esos regalitos, ¿de quién serán? por supuesto que de la persona que trataba dártelo".

Yo te recomiendo ser como una roca. Esto es, que cuando alguien te critique, no permitas que penetren a tu interior. Pero también asegúrate de ser como una esponja cuando te encuentres en momentos agradables para así absorber todo lo bueno. Te preguntarás cómo hacerlo. La meditación y la oración son la base de esto. En los siguientes capítulos te enseñaremos como lograrlo.

Tu mente es tan fuerte que puede crea cosas buenas y malas.
Tu mente te ayuda a tener éxito o te conduce a la derrota.
—Dr. Camilo Cruz

Por el otro lado, David G. Myers, uno de los autores del libro *Psychology* (10ª edición) dice: "la mente o cerebro es como un músculo, no como el estómago". Significa que cuando nos encontramos en situaciones difíciles, nuestro cerebro se hace más fuerte. Similar a los músculos de tus brazos o piernas, entre más ejercitas, tu músculo crece y se hace más fuerte.

Lo mismo sucede con nuestros pensamientos. Si continuas pensando en lo negativo que te pasa y te olvidas de lo positivo, es normal que te sigan sucediendo cosas negativas. Reflexiona, y pregúntate: ¿Qué está creando tu mente en estos instantes? ¿Son cosas positivas o negativas? Pero más allá de todo, reconoce que tú eres el dueño de cada uno de tus pensamientos. En otras palabras, el enemigo está dentro de nosotros mismos y más aún; nosotros somos responsables de lo que pensamos.

Piensa positivo siempre; "Cuando la vida te da limones, haz una limonada", dice el refrán. Nunca dejes que tus problemas sean una carga para ti. Deja que los problemas te carguen a ti hacía lo más alto. ¿Cómo? Venciéndolos a cada uno de ellos. Lucha con tu propia mente, ella es tu peor enemiga. Hazla tu aliada para lograr cosas grandes. Para soportar estas cargas de estrés, es indispensable ser positivo.

Ten confianza

Tus miedos son los causantes de la perdida de confianza en ti mismo. Todo este miedo es el resultado de las expectativas que tiene tu mente. Expectativas como: voy a fallar, no nací para eso, que van a decir, no estoy preparado etc. Si enfrentas con confianza todo lo que temes. Te darás cuenta que no era imposible. Te harás más fuerte—mentalmente— y más sabio. Solo tú sabes a que le tienes miedo. Te recomiendo enfrentar tus miedos y persistir hasta que se trasformen en algo normal. Piensa en el miedo más grande que tienes ahora y decide enfrentarlo. No permitas que la duda te detenga. Actúa, equivócate, aprende y continúa. ¡Esta es la ley de un campeón como tú! Lo único que pierdes cuando fracasas, es la ignorancia y ganas la experiencia de algo que era nuevo para ti. ¿A qué le tienes miedo? Al fracaso, la burla, el rechazo o tal vez hasta de cumplir tus sueños. ¿Quieres que te diga algo?

Eres más fuerte de lo que tú crees.
Te lo digo yo, si nunca antes nadie te lo ha dicho.
Ni siquiera tu mismo/a.

No pagues con la misma moneda.

¿Alguna vez has observado un árbol de manzano? La gente le puede arrojar agua, acido, maltratarlo e inclusive cortarle sus ramas. Pero este árbol volverá a dar manzanas. Significa que las nuevas ramas que retoñen seguirán siendo de manzanas dulces. La persona que es criticada, herida, lastimada, traicionada, humillada, etc., y no responde negativamente, es como este manzano. Nosotros nacimos para dar pensamientos de amor. Pero de la misma manera como en los terrenos donde siembras maíz nace también la maleza. Así sucede en tu mente. Tu eres el responsable de lo que siembras en ella y más importante aún. Cuáles dejas que den fruto.

Cuando alguien te hace un mal, deberías hacer lo contrario. Date la oportunidad de pagar con algo bueno y deja crecer otro retoño que te dé el mismo fruto. Recuerda: la gente madura no es quien tiene muchos años, pero si quien tiene control de sí mismo. Esta gente responde con paciencia ante las críticas, la que entiende el comportamiento de los demás. Ellos no gritan ni se enojan, pero si conservan la calma en las situaciones difíciles, reflexionan y toman ventaja del problema para aprender de él. Esta gente lucha por hacer lo correcto, lo cual significa estar luchando con su mente.

Piensa siempre en perdonar.

Si piensas en venganza cuando eres agredido, es normal que tu mente te controle y pienses en agresión. Esto significa que estás entrando en el juego. Estás dejando que tus emociones te lleven a un grado de enojo. Si tu mente piensa en agresión, podrías tomar la decisión de Óscar, como lo comentamos en el primer capítulo.

La venganza hace daño a tu corazón, porque la explosión de emociones sucede en tu interior. Perder el control de tus emociones en ciertas situaciones con la gente, es darles el gusto de verte molesto. Esto significa perder la batalla con tu mente. Recuerda que odiar al prójimo es como tomarte un trago de veneno y esperar a que tu enemigo muera. El daño te lo haces a ti mismo.

Es necesario reconocer que eres capaz de quitar ese odio de tu corazón. Las mismas razones que te llevan a lastimar a alguien deberían ser las mismas que te lleven a pedir perdón.

Actuamos por una razón,
vivimos por una razón,
triunfamos por una razón.
Entonces, busquemos una razón
por la cual deberíamos perdonar.

Recuerda, si un pensamiento bueno aparece en tu mente pero no lo realizas, los razonamientos de tu conciencia te lo robarán. Nunca dudes en perdonar si este es tu pensamiento. Nunca dudes en apoyar si tienes las fuerzas. Pero más que eso, nunca pierdas la humildad y busca pensar correctamente antes de actuar..

En otras palabras, es normal encontrarte con situaciones desagradables. Es normal enojarte. Lo que no es normal es que estas situaciones te lleven a pensar incorrectamente. Si reflexionas detenidamente, encontrarás que son tus pensamientos y expectativas las que te arruinan tu día y en ocasiones el resto de tu vida. ¿Cuántas veces has llegado a tomar malas conclusiones en situaciones que aún no sabes la causa? Muchas veces ¿verdad? La historia de Jaime podría ser un buen ejemplo:

"Mi madre tenía un solo ojo. Yo la odiaba porque me causaba mucha vergüenza. Ella trabajaba de cocinera en la escuela para mantener a la familia. Un día yo estaba en la secundaria y ella vino para ver como transcurrían mis estudios. Sentí mucha vergüenza. ¡¿Cómo podía hacerme esto?! La ignore y la miré con mucho odio.

Al día siguiente mis compañeros se burlaban de mí. '¡Tu madre tiene un solo ojo, ja, ja, ja, ja!' Entonces quise morirme y quería que mi madre desapareciera de mi vida, ¡para siempre! Al volver a casa me enfrenté a ella y le dije: 'me avergüenzas mucho, ¡¿por qué no te mueres?!' ; pero no me respondió. No sentí remordimiento porque estaba muy enfadado. No me importaron sus sentimientos. Quise irme de ese lugar. Estudie muy duro, me dieron una beca y me fui a Singapur. Así fue, me fui, estudié, me casé, compré una casa; tuve hijos y viví contento junto a mi familia.

Un día vino mi madre a visitarme, ya habían transcurrido muchos años sin habernos visto. Ella quería visitar a sus nietos, pero no me avisó. Solo llegó hasta la puerta. Mis hijos comenzaron a reírse al verla. Le grité: '¡¿Cómo te atreviste a venir para asustar a mis hijos?! ¡sal y vete ahora mismo!" Me respondió con calma: "lo siento creo que me equivoqué de dirección'. Y desapareció...

Pasó el tiempo y recibí una carta, era de la escuela para una reunión familiar. Le mentí a mi esposa informándole que iba por causa de trabajo. Al cabo de la reunión y por curiosidad, fui a la casa donde vivíamos. Me informaron los vecinos que mi madre murió. No derramé ni una sola lágrima.

Me entregaron una carta, era de mi madre. La carta decía: 'querido hijo pensé mucho en ti. Discúlpame mucho por haberte visitado sin avisarte, no fue mi intención asustar a tus hijos. Estaba muy contenta al oír que ibas acudir a esa reunión pero no pude levantarme de la cama a venir a verte, siento mucho haber sido una causa de vergüenza en tu vida. ¿sabes?, cuando eras pequeño tuviste un accidente. Y perdiste un ojo. Y como toda madre no podía dejar que crecieras con un solo ojo y por eso, porque sabía que de esa manera tu vida sería difícil. Decidí darte el mío y estuve muy contenta y orgullosa de que mi hijo podría ver el mundo como un niño normal. Con todo mi amor, tu madre'"

—Taieb Kenaoui

Juzgar a una persona, interpretar una situación y sacar tus propias conclusiones. Son pensamientos absurdos que vienen de tu mente. Te llevan a crear muchas cosas negativas. Y por supuesto te roban la paz interior.

Evita la desconfianza

Qué decir de la desconfianza. Estos son pensamientos negativos creados en tu mente. ¿Quién es el que sufre? solamente tú. Trabajarás pensando que tú esposa está con otro, estudiarás imaginándote que tu novio te traiciona, vivirás intranquilo y desconfiando de tus amigos y empleados, imaginándote situaciones que de seguro ni existen. Tendrás una vida de tensión. Esto daña tu autoestima, así como la efectividad en tus labores. Ganarás más tranquilidad si brindas tu confianza a la gente. Y si a pesar de eso la gente te traiciona, Son ellos los que pierden tu confianza. Es un infierno vivir desconfiando de la gente. Es una tortura imaginarnos cosas que no son.

Vive dando confianza, y si las cosas salen mal.
Aprende a perdonar y volver a confiar.

Domina tu mente

Parte fundamental para vivir una vida sin estrés; está en dominar nuestra mente. Cada uno cosecha lo que pensamos. Sabemos que los sentimientos de culpa, ira, malicia, rencor y envidia también son sentimientos humanos que vienen de tu mente y es normal experimentarlos. Solo tú puedes detenerlos con pensamientos de amor. Recuerda algo: no somos capaces de evitar los pensamientos negativos, pero sí somos capaces de elegir cómo reaccionamos ante ellos. No seas como la basura que se deja llevar por el viento. Es mejor ser cómo el salmón, que cuando el agua del río aumenta, es cuando nada río arriba.

Los problemas tan solo son situaciones que te ayudan a ser mejor y elevan más alto tu potencial. Pon a prueba tu mente. Nunca dejes que tu mente diga que no puedes. Deja que la paz de tu corazón luche por tu realización. Deja de preocuparte por lo que la gente habla de ti. Todos tenemos sentimientos, pero también razonamientos. El que razona egoístamente sufre, pero quien ama a los demás, se encuentra a sí mismo. Esta es una parte fundamental en la búsqueda de una vida sin estrés.

Tu apariencia física, siempre dirá mucho de qué hablar, pero tus obras y la manera de enfrentar la vida, esto es lo que en realidad eres. Si piensas correcto, tus relaciones con la gente cambiarán, y si tus relaciones cambian, obtendrás más oportunidades; y si tienes más oportunidades. Tu futuro será mejor.

Una persona triunfadora, tuvo buenas relaciones con la gente, conservó actitud en las adversidades y pensó en algo bueno todo el tiempo.

—Erick Torres

Evita siempre disgustarte por algo que es pasajero. Evita responder con agresividad si alguien te ofende. Evita sacar conclusiones de situaciones que pueden no ser como te imaginas. Todo lo que escuchas a tu alrededor, son palabras que se las llevan el viento y opiniones no concretas. El problema no está en las situaciones que te suceden. El problema está en las mentes negativas y el no control de uno mismo.

Tienes que ser como el cuerpo humano, que solo conserva lo bueno, y lo malo lo desechas en el baño. De las situaciones difíciles, busca lo positivo, lo demás ignóralo. Asegúrate de vivir lejos de lo negativo e incorrecto, pero vive junto al amor y la armonía. La vida pone los obstáculos, pero tu mente los límites. La vida pone las reglas, pero Dios nos da la fuerza. Recuerda que nadie más que tú, es la única persona que te puede detener.

Esfuérzate un poco más

Encuentra una razón para ser un águila y no una excusa para ser un ave. Las aves cuando llegan las tormentas se esconden, en cambio las águilas se elevan más alto.

Esfuérzate y has las cosas con amor. Esto es suficiente para avanzar un poco más. Avanzar no es cuestión de tener o no tener. Avanzar es cuestión de pensar y accionar. Todo es cuestión de decidirlo hoy. La vida consiste en pensar correctamente y hacer de tu mente tu mejor amiga.

En la vida, vivir es libertad.
Pero si caminamos desanclados,
la vida es una adversidad.

En la vida todo es amor.
Pero si no damos servicio,
la vida es un dolor.

En la vida, vivir es un triunfo.
Pero si buscamos nuestra comodidad,
nos perderemos lo mejor del mundo.

Vive amando en silencio.
Corre en el parque o disfruta un momento.
Baila a solas, caminando más lento.
Deja que las cocas sucedan,
pero busca tu "yo" interno.
Si tu corazón llora de dolor,
es porque tu alma reclama paz.
Si tu corazón brinca de emoción,
es porque tu alma tiene la razón.

Tu alma da esperanza a tu corazón,
pero tu mente borra la ilusión.
Estás completamente confundido,
porque tu corazón llora de dolor.

Tú alma entrega más amor,
pero tu mente contesta con pudor.
Tu alma persiste dando más amor,
para que tu corazón tenga una ilusión.

Tu mente es derrotada por un instante.
Tu corazón y alma celebran el triunfo.
Tu mente pierde la batalla.
Tu presente ahora será un mejor futuro.

Necesitamos paz en nuestra mente. Necesitamos pensar más positivamente acerca de lo que nos sucede. Confiemos en los demás, busquemos una salida a todo lo negativo. Dejemos de alimentar nuestra mente con pensamientos negativos que no tiene ningún sentido.

Arruinarte el día por las malas situaciones que ves, es dejar que tu mente controle tu vida. Deja que tu corazón y alma se unan, y encontrarás esperanza para un mañana mejor.

La paz debería iniciar en tu corazón, continuar en tu mente y que tus acciones lo demuestren. Tener paz no es el resultado de una decisión inmediata. Pero si de una reflexión continua. Reflexiona tus hábitos, y encontrarás tus errores. Reflexiona tus actos, y encontrarás las fallas. Reflexiona tus pensamientos y encontrarás el camino. Reflexiona tu vida, y encontrarás la paz.

Lo difícil es reconocer que nosotros somos los artífices de nuestra vida. La vida es difícil, cuando la observamos de afuera hacía adentro. Pero es más sencilla si intentamos vivirla de adentro hacía afuera.

De afuera hacía adentro es cuando dejas que la gente, las situaciones, el ambiente y todo lo que observas o escuchas te robe la alegría de vivir.

De nuestro interior hacia lo exterior. Hablo de reflexionar un poco antes de actuar, pensar con misericordia antes de ofender. Es cuando algo bueno nace en ti. Es cuando piensas en ayudar en vez de agredir, es cuando tus pensamientos vienen de adentro, de lo profundo de tu corazón, traspasan las barreras de tu mente y te empujan a actuar de una manera correcta.

Nunca dejes que la ira gobierne tus acciones. Es mejor que una acción de amor cubra esa ira. Si te molestan las ofensas, nunca pienses en la persona que te ofende. Es mejor reflexionar por qué te hieren tanto. Las ofensas son como el fuego, crecen donde hay más fuego. Y que ese fuego se extingue solo cuando respondes con paz. La paz, es el agua, el odio, es el fuego; los cuales nunca pueden estar juntos. Si los obstáculos te abruman, significa que eres como una basura que vuela de un lugar a otro, y eres controlado por las cosas imaginarias de tu mente. (Tema que trataremos más adelante)

La Ley de la Atracción dice: "Somos el resultado de lo que pensamos." Recuerda que con lo único que puedes tropezar, es con la necedad de tu mente. Y solo tú eres el responsable de todo lo que piensas.

Para evitar pensamientos incorrectos, te recomiendo:
- Evita escuchar comentarios de la gente negativa.
- Evita lugares negativos.
- Busca algo positivo en cada situación que aparenta ser negativa e identifica el potencial de las personas.

Has una buena obra a alguien cuando estés enojado, triste o decepcionado; y experimentarás una satisfacción de paz. Saber que tu mente puede crear pensamientos sanos te ayudará a remplazar lo negativo de tus situaciones.

He aprendido que cuando tu mente dice "sí", no importa que tan grande sea el obstáculo, lo puedes superar.

Seré breve para no aburrirte. Fue en un campamento. Estábamos llevando a niños a una piscina de natación. No recuerdo las dimensiones, pero era bastante grande. El primer día trate de cruzarla aguantando la respiración bajo el agua. No lo logré. En la segunda semana lo logré, pero terminé exhausto. En ese instante se me ocurrió intentar cruzarla DOS veces. Cuando le comenté a un instructor de natación lo que tenía planeado me dijo que eso era imposible. Lo máximo que podría lograr era llegar al otro extremo y volver a la mitad. Yo sabía que era peligroso. Ya antes había escuchado de una persona que trató de romper un récord como este y murió por forzarse demasiado. Eso a mí no me dio miedo. La decisión estaba tomada. Yo me propuse que lo lograría.

Practiqué mucho y me preparé. Ya visualizaba el momento habiendo cumplido con mi meta. Llegó el momento y me arrojé al agua. Al llegar al otro extremo me sentía bien, di la vuelta de regreso, pero a la mitad el aire se me terminó. En esos momentos pensé: "no puedo rendirme, he estado trabajando mucho para lograr esto". Continúe a pesar de no tener aire. Cuando estaba a tres metros de mi objetivo, mi cuerpo comenzó a temblar; era demasiado, necesitaba salir o salir. Pero me dije a mi mismo: "Ramiro, sólo son tres metros más".

Cuando llegué a la meta, recuerdo que quería respirar pero no podía, mi cuerpo temblaba mucho y no podía ponerme de pie. En otras palabras, si me hubiera mantenido bajo el agua por unos segundos más, hubiera sido fatal. Después de dos minutos, pude reaccionar. Después de cinco pude sentarme, y pude caminar después de los diez. Todo el día me sentí muy cansado, pero feliz de haber logrado una meta más en mi vida.

Amigo que lees esto. Tal vez mi experiencia no sea tan asombrosa como muchas que has escuchado. Pero convéncete que cuando tu mente dice "si" y no dudas, todo es posible. Haber estado a un paso de la muerte no me importó, tenía que cumplir una meta. Estar a un paso de la muerte, es algo que no tiene explicación, pero si tuviera la oportunidad de volver a intentarlo, lo haría.

Ahora te pregunto: ¿Cuál es tu meta? ¿Estás dispuesto a morir por ella o sólo es una visión y aun sigues dudando de ti mismo? Si tu meta es encontrar la paz interior, pon en práctica las misiones de este libro, persiste, ten paciencia y lo lograrás. Recuerda que tu mente puede ser tu mejor aliada o tu peor enemiga.

Recomendaciones de la tercera clave:
Piensa correctamente

- Piensa muy bien, antes de responder con agresión
- Respira lenta y profundamente cuando estés enojado
- Trata siempre de encontrar algo bueno en las personas
- No te imagine cosas que no son, solo confía en la gente
- No te compliques la vida con las cosas que suceden a tu alrededor, todo es vanidad
- No pienses que la gente es mala y reflexiona en el por qué te hiere tanto que la gente te ofenda. El problema puede estar dentro de ti y no afuera
- Deja que tu mente sea más fuerte que tu cuerpo y piensa positivamente todo el tiempo

Todo es una decisión. Tu misión en esta tercera semana es que persistas en mantener una Actitud Mental Correcta en todas las situaciones difíciles. Cierra el libro y dedícate a crear pensamientos puros y correctos en tu mente en los siguientes días.

Por las situaciones que vivimos es difícil no pensar cosas negativas. Lo que sí es posible, es sustituir un pensamiento malo por uno bueno. Si muchos expertos dicen que somos lo que pensamos. Nuestro reto es pensar correcto de ahora en adelante. La Biblia dice: "Las palabras del hombre, es el resultado de lo que contiene su corazón" (Mat. 15:18). El Dr. Camilo Cruz dice: "seremos lo que pensamos, y la buena noticia es que nosotros decidimos que pensar". Cesar Lozano dice: "No es lo que nos pasa, lo que nos lastima, sino cómo reaccionamos a lo que nos pasa". Todo es una decisión.

> *1. Recuerda que la vida está hecha a base de decisiones.*
> *2. Recuerda, que la vida te dará según lo que tú das.*
> *3. Recuerda que nuestro peor enemigo, somos nosotros mismos.*

No es fácil hacer cosas que nunca hemos hecho. En ocasiones son incomodas, nos da pena y en algunos casos nos causan enojo. ¿Qué piensas de esto? ¿Tienes ganas de tirar la toalla? ¿Tu vida está estancada y vives día a día, que no has tenido tiempo para practicar lo aprendido? O por el contrario, estás llevando a cabo las misiones sin problema alguno.

Te invito a seguir con la menta abierta y receptiva a lo que leerás en el siguiente capítulo.

¡Un abrazo enorme! Me siento orgulloso de saber que tu vida está cambiando.

Cuarta Clave:
Busca a tu Ser Supremo

Recuerde esto. Cuando las personas escogen el retirarse del fuego, el fuego continua dando calor, pero ellos se enfrían. Cuando las personas escogen alejarse de la luz, la luz continua siendo brillante pero ellos están en la obscuridad. Esto es lo mismo que pasa cuando la gente se aleja de Dios.

—San Agustín

Para muchos es difícil aceptar la idea de que existe un Ser Superior o Supremo, y si lo creemos no lo buscamos. Después nos acomplejamos de lo que sucede en nuestra vida y culpamos a quien esté alrededor nuestro. Mucha gente dice: "si Dios existe y es amor, ¿por qué nos castiga o deja que las injusticias sucedan?" No tomamos en cuenta que el alejarnos de Dios tiene consecuencias.

En una ocasión un amigo me decía: "Ramiro, todos tenemos un destino y ser bueno o malo es irrelevante, nuestro destino ya está hecho, Dios ya tiene un propósito para ti" ¿Que opinas tú acerca de esto?

En mi segundo libro "El Éxito eres Tú" explique que el destino es algo que ya pasó. Muchos expertos como el Dr. Camilo Cruz, Francisco Yánez y Cesar Lozano lo explican en sus conferencias. Sin importar cuál sea tu punto de vista, es indispensable recordar que si eres una persona que vive entre lo negativo. Entonces te has desviado del propósito de Dios. En otras palabras, estas lejos de Él.

¿Por qué?
Sencillamente porque todo lo negativo es lo que te aleja de Dios. Las actitudes negativas son las que te roban la tranquilidad. Tu alma necesita un alimento y este alimento es el amor, la tolerancia, el respeto, el servicio etc. Indudablemente los actos de amor nos dejan una satisfacción linda y gratificante. Por el otro lado, las acciones sin conciencia y las palabras con ira e impaciencia. Son circunstancias que nos dejan un sabor amargo de arrepentimiento y culpabilidad. Y estas acciones son las que te alejan de estar en comunión con Dios. ¿Cuántas veces no consigues dormir por pensar en las discusiones y problemas con tus padres, amigos, conyugue, hijos, etc.? Por la falta de dinero, falta de atención o cualquier otra preocupación. Te aseguro que esto te roba la paz espiritual.

Para arruinarnos la vida sólo necesitamos anclarnos en pensar sólo en nosotros y olvidarnos que existe un ser superior.

Yo te pregunto: ¿Quién duerme más tranquilo? ¿El que odia, el que busca venganza, el que guarda rencor, el que roba, el que miente, el que humilla...? ¿O aquel que perdona, valora, ama, respeta, no engaña e invierte su tiempo en ayudarse a sí mismo y a los demás?

Por supuesto que es quien lleva una vida de paz con la gente. Por la época en que vivimos, comprendo que vivir con armonía no es nada fácil. Las circunstancias nos están contaminando con actitudes negativas. Pero recuerda... tu manera de tratar a la gente será la manera en que serás tratado. Tu manera de ayudar es como serás ayudado (Luc. 6:37-42). Tú eres el que va decidiendo como vives tu presente.

La pregunta es: ¿Cómo estas viviendo tu vida hoy? Muy alejado de tu Ser Supremo o cerca de Él cómo deberías estarlo.

¿Te has preguntado por qué existen plantas que crecen más que otras y aun siendo de la misma especie? La respuesta es sencilla: Todo depende del cuidado que tú les des. Si alguna de estas plantas no es cuidada y protegida como se debe. No importa que sean dé la misma especie, el resultado será un mal crecimiento. Pero si en cambio sigues con exactitud las instrucciones tal y como se indican, te aseguro que esa planta crecerá muy grande y saludable.

Nosotros somos esa planta, nuestro manual son esas normas que existen en nuestra propia religión. Esas leyes inquebrantables que Dios creo para vivir con armonía y paz. Has observado que en el mundo hay ciertas reglas y cada una tiene una consecuencia. Si te pasas la luz roja, o te estacionas en un lugar no indicado, te dan una infracción, tu luz y celular; te suspenden el servicio. En otras palabras; existirán consecuencias que tenemos que pagar.

Con las leyes de la vida es algo muy parecido. Si quebrantamos alguna de ellas; estamos desbalanceando nuestro propósito. ¡No me creas! Experiméntalo tú mismo. Deja de hacer actos buenos y te darás cuenta que tu felicidad poco a poco se va deteriorando.

No intento inculcarte un Dios, pero sí que reconozcas que existe un ser Superior. Un Ser que lo puedes llamar, Jesús, Alá, Jehová, universo, energía, cosmos, etc. Pero asegúrate de no quebrantar sus leyes, porque tú mismo estarías provocando tu guerra interior. En el camino de Dios no existen cosas negativas. Pero si una paz enorme por la cual fuiste creado.

Son estas reglas las cuales debemos seguir para vivir mejor. En ella se encuentran las claves que tenemos que desempeñar para obtener un mejor resultado. Estas normas nos llevarán a experimentar paz interior. Ahí encontraremos la conducta que necesitamos para ser exitosos, tanto en lo material como en lo personal.

He descubierto que no importa cuál sea tu religión o en el Ser Supremo que tú creas. Lo importante es que todas las religiones tienen ciertas normas con el objetivo de ayudarnos. Es obvio que todos ellos buscan que encontremos paz.

Sabemos que en muchos casos estás normas van en contra de la moda, la política, el dinero y el estilo de vida que hoy en día se ve. Por esta razón, para mucha gente le es difícil cumplir lo que las religiones establecen. Sin embargo, el vacío que mucha gente experimenta, podría ser el resultado de no estar siguiendo estas normas?

Gastamos nuestro tiempo en el materialismo, la tecnología y ciencia. Pero invertimos poco tiempo en nuestra salud espiritual. La paz nunca llegará a nuestras vidas si no reconocemos que necesitamos invertir más tiempo en el propósito que Dios tiene para nosotros. Y para encontrar tu propósito, necesitas adentrarte, aprender más de tu religión y acercarte más a Él.

Hoy es el día de buscar a Dios. El te perdonará y encontrarás paz interior. Tienes que estar consciente que si Dios te perdona, no significa que la gente lo hará. Si has estado alejado de Dios, es normal que sientas que las cosas son difíciles y que los problemas solo a ti te suceden. Es normal que sientas que te hace falta algo a pesar de tener mucho.

Existe una frase que me gusta mucho la cual dice:

Cuando Dios toca tu corazón, tu vida cambia, pero cuando tocas el corazón de Dios, los milagros suceden.

¿Cómo tocar el corazón de Dios o del Ser Supremo a quien tú buscas? Existen siete cosas que deberíamos evitar: Ojos altaneros, lengua mentirosa, manos que derraman sangre inocente, corazón que trama planes perversos, pies dispuestos a correr detrás de la maldad, testigos falsos que dice mentiras y el que siembra discordia entre hermanos (Prov. 6:16-19).

Probablemente no son las normas de tu religión, pero son cualidades que no deberían existir en nuestra personalidad. A nadie le agradaría tener cerca a personas con estas cualidades, porque nos harían daño. Adrián Romero dice: "Encárgate de las cosas de Dios y Dios se encargara de las tuyas" Deberíamos dedicar más de nuestro tiempo en agradar a Dios y observar como todo lo que soñamos se cumple. ¡Así de sencillo!

Nunca olvides que las ramas lejos del árbol se secan. El carbón lejos del fuego se apaga, las personas alejadas de Dios son como una rama seca o un pedazo de carbón que no es útil para nada. Sentir un vacío dentro de ti, no es porque Dios se haya olvidado de tu propósito, es porque tú te has olvidado de Su propósito.

Recuerda las palabras del maestro Jesús:

"Yo soy la vid verdadera, y mi padre es el viñador. El padre corta todas las ramas unidas a mí que no dan fruto, y poda las que dan fruto para que den más fruto. Ustedes ya están limpios gracias a las palabras que les he comunicado. Permanezcan unidos a mí como yo lo estoy de ustedes. Ninguna rama puede producir fruto por sí misma. Sin permanecer unida a la vid, y lo mismo les ocurrirá a ustedes sino están unidos a mí" (Juan 15, 1-4).

Llegará el día que darás un vistazo al pasado y te preguntarás: ¿Qué he hecho con mi vida? Ahora mismo podrías estar alejado de tu creador. Pero Él está esperándote con los brazos abiertos para perdonarte y darte otra oportunidad. Ese mismo día tendrás la oportunidad de reconocer que actuaste mal. Podrás pedir perdón a la gente que lastimaste y Él te dará el ánimo y la paz que muchos anhelan.

No permitas que las tentaciones del mundo te alejen de Él. Mucho menos pienses que sin Él todo estará bien. Cada vez que sientas que la vida no es justa te invito a leer estos versículos: Salmos 37-36 y Mateo 5:3-12. Después de hacerlo, te aseguro que encontrarás una razón para regresar al propósito que Él tiene para ti.

La vida no siempre es justa. Pero mientras la vida se opone a lo que quieres, es necesario que persigas con más afán acercarte a Dios. Busca que la gente se inspire por tus acciones. Lucha con fuerza por lo que quieres, pero no dependas de la gente, mejor confía en tu Ser Superior.

Asegúrate de encontrar en los obstáculos un aliento, pero no te detengas. Busca en las derrotas inspiración y esperanza, así es como te transformarás en una persona más fuerte. Recuerda que un camino sin final es el inicio a no saber adónde vas. Todo tiene un inicio y un final.

Lo importante es sobrellevar el proceso y nunca rendirnos.

El árbol de la vida

Muchos inician pero no terminan, muchos avanzan pero se rinden. Pocos son los que inician, avanzan y llegan al final del camino. Este camino es tu propio futuro y lo que haces con tu vida. ¿Dónde está el secreto? Está en la manera que pones énfasis por llevar a cabo las normas de tu propia religión.

Yo te compararía la vida con un árbol de manzanas, un árbol repleto de manzanas dulces y tentadoras. Este árbol es el mundo y las tentaciones del mismo. Al pie del árbol, en el suelo, hay algunas pocas manzanas, en la parte baja de su copa, unas cuantas más; en el medio, aun más. Pero en lo alto de su copa, se encuentran muchísimas mas, grandes y jugosas. Nosotros somos esa gente hambrienta de paz interior. Pero nos conformamos con comer la fruta maltratada y sucia que se encuentra en el suelo.

Otros continúan a escalar ese enorme árbol. Pero cuando llegan en medio, se terminan las fuerzas de seguir. Observan que la mayoría de la gente come manzanas del suelo. Estaban en busca de las manzanas de la copa, pero la tentación los vence y comen lo que está a su alcance. Muy poca gente continuará escalando sin detenerse. Esta gente también está hambrienta, pero enfocados en alcanzar las mejores manzanas del árbol.

Ahora imagínate este árbol con mucha gente abajo. Pocos en medio y solo unos cuantos en la copa.

Así como una manzana podrida haría daño a tu salud. Los vicios vanos del mundo podrían arruinar tu vida. Es necesario ser persistente en seguir escalando hasta alcanzar la cima.

Por eso ama aunque te lastimen, ayuda aunque te humillen. Escucha aun si te ignoran. Ama a tal grado que las cosas malas que te sucedan no penetren en tu corazón. Amar es aceptar, valorar, entender, querer y respetar. No te rindas, busca las mejores manzanas del árbol.

La gente dice que el amor real en este tiempo es solo un 10% y que el otro 90% es dinero y conveniencia. Probablemente no estés de acuerdo y aunque eso fuera verdad, tenemos este 10% que es la llave pequeña que abrirá la puerta a la paz interior. Este 10%, es el botón que podría activar una explosion de paz en este mundo.

Para que algo grande suceda, siempre existe algo pequeño que lo activa. Siempre es así, no te rindas y continúa trasportando, la pequeñita llave o el pequeñito botón que activará la paz en ti. Observa a tu alrededor y recuerda que muchas veces puedes aprender más de la naturaleza que del ser humano. Por ejemplo:

He aprendido que un árbol muere de pie,
el ser humano no.
(Esto es actitud)

He aprendido que el sol da luz a ricos y pobres.
(Esto es igualdad)

He aprendido que una abeja da la vida por su colmena.
(Esto es compromiso)

He aprendido que los delfines trabajan en equipo.
(Esto es humildad)

He aprendido que un ave puede construir su nido varias veces, sin rendirse y sin preguntar porqué el viento se lo destruye.
(Esto es persistencia)

En conclusión, solamente el que no pierde la *fe* en sí mismo y busca a Dios, es el que llega a la cima del manzano. Quien espera mucho de los demás, es quien muere lleno de ilusiones. Creer en ti, es mejor a esperar que los demás crean en ti. Busca ser tú mismo, levanta tu mirada al cielo, grita a los cuatro vientos lo feliz que eres. Olvida cada pena de tu pasado, toma el volante de tu vida. Revístete de pasión. Busca la solución a tu problema, en vez de llorar. No te quejes, la vida no es fácil. Camino sin piedra no es un camino. No te compares con la gente, pero busca ser mejor día a día. Hazlo por ti no por la gente. Nunca dejes que te humillen por decir algo bueno. Cumple tus promesas y no abandones el camino del bien. Este camino que al final de recorrer otros, te darás cuenta que es el adecuado.

Recomendaciones de la cuarta clave: *Busca a tu Ser Supremo*

- ❖ Busca tu Ser Supremo
- ❖ Reflexiona, podrías estar a tiempo
- ❖ Transfórmate en un instrumento de amor
- ❖ Se más consciente de tus actos
- ❖ Se más servicial
- ❖ Se compasivo con los demás
- ❖ Vive la vida apasionadamente feliz

La misión en tu cuarta semana te invita a poner en práctica las normas de tu religión, y a que te enfoques en hacer las cosas con amor; que busques cosas productivas y elimines esos malos hábitos que solo te hacen alejarte de tu Ser Superior.

"La mejor medicina a los problemas o para alcanzar el éxito, es no malgastar el tiempo en cosas mediocres, más bien aprovéchalo en cosas productivas. Deja en las mano de tu 'Ser Supremo' todo aquello que crees no tienen solución, y sigue tu vida. La paz llegará, si hemos hecho algo para merecerla" —Camilo Cruz

Cierra el libro y reflexiona: "si Dios está contigo, ¿quién podrá estar en contra de ti?" (Romanos 8:31)

1. Recuerda que la vida está hecha a base de decisiones.
2. Recuerda, que la vida te dará según lo que tú das.
3. Recuerda que nuestro peor enemigo, somos nosotros mismos.
4. Busca a tu Ser Supremo. Recuerda: Él siempre perdona, la gente a veces, pero el tiempo nunca.

Ahora que ya está convencido de que necesitamos seguir reglas supremas para vivir sin estrés y encontrar paz. Ahora que has encontrado a tu Ser Supremo, es hora de aprender lo que en realidad te dará felicidad y paz.

¡Continuemos!....

Quinta Clave:
Busca agradar a tu Ser Supremo

*La voz interior me dice que siga combatiendo
contra el mundo entero, aunque me encuentre solo.
Me dice que no tema a este mundo sino que avance llevando
en mí nada más que el temor a Dios.*

–Mahatma Gandhi

Recuerdo cuando inicie mi carrera como escritor. Me decía que nunca escribiría un libro que hablara de Dios. Ahora me doy cuenta que no existe una manera más eficaz de encontrar la paz y ser feliz, sino agradando a nuestro Dios. En este capítulo no te daré ejemplos de otras personas, te daré mi propio testimonio.

Aún recuerdo ese pequeño pueblo lejos de la ciudad. Tenía ocho años cuando soñaba tener cinco mil pesos. Después que los tuve, tuve un enorme deseo de estudiar karate. Después de haber logrado eso, me propuse ser instructor. Después, quise ser el gerente de esa organización. Después de conseguirlo. Me dije a mi mismo, ahora quiero escribir libros.

En resumen: estuve buscando alcanzar lo que como ser humano creía me daría más comodidad. Pero en realidad, ¿necesitaba de todo eso para ser feliz? Claro que no. Recuerdo que antes de haber logrado lo que ahora tengo, mi felicidad era estudiar, trabajar y estar con mi familia. Estaba en más unión con Dios y así era feliz.

Me olvide de Dios cuando empecé a observar que la gente viaja, tiene mucho dinero, buenos carros, casas, viste buena ropa, etc. En otras palabras, me di cuenta que existían cosas mejores, y que yo también podría tenerlas. Entré en la mentalidad de que no estaba satisfecho y que necesitaba tener más para sentirme mejor. Me olvidé de mí mismo, y de todo lo que me brindaba felicidad.

Me olvidé que cuando estaba en mi pueblo no necesitaba nada material para ser feliz.

Por suerte reflexioné a tiempo. Me di cuenta que cuando alcanzaba una meta, me sentía muy contento y realizado. Pero en unos cuantos meses, eso ya no era suficiente. Reflexioné que lo más importante era tener paz. Reconocí que el ser humano nunca se conforma, entre más tiene, más quiere. Tuve que admitir que me estaba alejando de Dios. Descubrí que la felicidad no es cuestión de tener una buena posición o cosas materiales.

Al final decidí que la risa de un niño, el cantar de un ave, el palpitar de mi corazón y el mirar al cielo son cosas que alegran mi vida y que estas cosas son gratis. Descubrí que un carro, una casa, y tener mucho dinero son cosas que requieren de mucho esfuerzo antes de ser obtenidas, pero después de un tiempo descubres que no lo es todo. Sentirás que te hará falta algo.

Este algo podría ser: el abrazo a tus padres, el tiempo con tus hijos, el contemplar un amanecer, oler las rosas, reír, correr y disfrutar de la naturaleza.

Entendí que lo que yo *siento* es más importante que lo que yo *tengo* y que esto me daría una vida mejor.

Recuerdo que cuando eliminé el deseo de querer tener algo material para sentirme feliz sucedió algo extraño. Una felicidad enorme se apoderó de mi corazón. Con el tiempo me di cuenta de la manera tan errónea en que muchos estamos buscando el éxito. Mario Quintana dice: "el secreto no es correr detrás de las mariposas. El secreto está en arreglar tu jardín, para que las mariposas lleguen a él". La Biblia también nos dice:

"Todo quien guarda y sigue al pie de la letra mis mandamientos, tendrá mucho en abundancia" (Prov. 3:1-7)

"Todo quien obedezca a sus padres, será feliz y gozará de una larga vida en la tierra" (Ef. 6:1-3)

"El que respeta a su madre amontona tesoros. El que honra a su padre recibirá alegría de sus hijos" (Ecl. 3:1-16)

¿Qué entendemos con esto?
Que el secreto está en agradar a Dios. Valorar a la gente que te dio la vida y seguir un camino recto. Necesitas transformarte en la persona que a Dios le agrada y el resultado será el cumplimiento de todas tus metas. No olvides que:

Sin Dios, es como querer vivir en un mundo sin agua

Deja que las cosas cambien, pero nunca dejes de agradar a Dios. Eres tú quien crea una salida a tus problemas, o tú mismo eres esa barrera hacía una vida sin estrés. No te enfoques en ser importante, porque te perderás la oportunidad de ser único. No te preocupes por ser rico, porque te perderás la oportunidad de ser feliz. No te preocupes por lo que nos depara el futuro, porque el futuro lo creamos con las decisiones que estamos haciendo en el presente.

He aprendido que pensar mucho en lo material antes que en las cosas de Dios, es como querer saciar tu sed con un pan. Estamos en un mundo donde todos buscamos llenar un vacío interior. Pero erróneamente pensamos que las comodidades son la solución. Nos equivocamos cuando pensamos que algo material lo hará. Creemos que entre más tengamos, seremos más felices.

Recuerdo haber escuchado en una entrevista a un cantante de gran fama decir: "A pesar de estar rodeado de seguidores, tener mucho dinero y mucha fama, siento un vacío dentro de mí". En otra ocasión un amigo me contó que si tuviera mas dinero, una casa y una linda esposa, entonces sería muy feliz. Mientras perdía el tiempo sin hacer nada para lograrlo. Por el otro lado está la gente que dice que el dinero no es la felicidad pero te da momentos felices y te ayuda a vivir mejor. Estoy de acuerdo con esto. ¿Pero qué sucede si no tienes riqueza en estos momentos? ¿Significa que no eres feliz?

En el primer capítulo mencioné que la felicidad es solo cuestión de decisión, no de pertenencias. Creemos que toda la gente que tiene mucho dinero es más feliz. Nos imaginamos la vida que podríamos llevar si tuviéramos mucho dinero.

Nos ilusionamos trabajando y buscando tener más sin darnos cuenta que al estar buscando obtener el mejor fruto, nos olvidamos del árbol. Esto significa que estamos en busca de conseguir muchas cosas materiales, pero nos olvidamos de quien las creó.

Imagínate que un día alguien llegue a tu casa, entre sin permiso y comience a tomar cosas de tu hogar y sin consentimiento tuyo destruya todo lo que tienes. ¿Qué harías? Por supuesto que te molestarías. Sucede lo mismo con nosotros. Estamos en este mundo que fue creado por un Ser Supremo. Y cuando no vemos un resultado, significa que estamos enfocados en los placeres del mundo. Nos olvidamos que Dios es el único que nos puede dar verdadero éxito.

¿Te gustaría saber cuál es el verdadero éxito?

El éxito no es ser importante, es ser útil. El éxito no es materialismos, es paz interior. El éxito no son casas y lujos, es el amor en tu corazón. El éxito no es una posición importante, el éxito verdadero es amarte de la manera que eres.

El éxito es ser en el mundo el último de todos, siendo útil a tus semejantes, teniendo nobleza en tus acciones y vivir en paz sin lastimar a nadie. No olvides que lo grande que se ha logrado en este mundo, ha sido porque un Ser Supremo así lo permitió.

Muchos logramos disfrutar la riqueza de tener mucho dinero y cosas materiales. Muy pocos logran la riqueza interior. Esta riqueza que ni con todo el oro del mundo se puede comprar.

¿Acaso puedes pagarle a alguien para que te ame? ¿Acaso puedes cambiar la actitud de las personas con una cierta cantidad de dinero?

Los actos de amor, el respeto, la honestidad, la lealtad, la paz y la armonía son cosas que no se compran con dinero.

¿Quién es más importante para ti, Dios o lo material?

Una vez, un joven estudió violín con un maestro de renombre mundial. Trabajó arduamente durante varios años para perfeccionar su talento. Al fin llegó el día de su primer e importante recital en público, en la gran ciudad donde vivían ambos, él y su maestro.

Luego de cada selección que él presentaba con gran habilidad y pasión, el violinista parecía indiferente ante los grandes aplausos que recibía de una audiencia tan exigente. El joven actuaba como si no pudiera escuchar el aprecio que era derramado sobre él.

En el cierre del último número, los aplausos fueron estruendosos y se escucharon numerosos "¡Bravo!". No obstante, el talentoso y joven violinista tenía sus ojos fijos en un solo lugar. Finalmente, cuando un anciano en la primera fila del balcón sonrió y asintió con su cabeza en señal de aprobación, el joven se relajó y brilló con alivio y gozo.

¡Su maestro había alabado su trabajo! Los aplausos de miles no significaron nada hasta que él ganó la aprobación del maestro.

¿A quién intentas agradar hoy? Nunca podrás agradar a todos, pero sí a Aquel que es más importante, tu Padre Dios. Mantén tus ojos en Él y nunca fracasarás.

Todas las cosas fueron construidas por alguien. Si tu carro se descompone lo llevas al mecánico; si tu puerta se daña, llamas al cerrajero; si te enfermas de salud vas al doctor. Pero si te enfermas del alma, tienes que acu-

dir a Dios quien te creó. Y cuando cure tu alma, la prosperidad aparece como por arte de magia.
Asegúrate de encontrar la paz contigo mismo. No creas por un instante que lo material te dará felicidad, porque eso no es verdad. Mucha gente ha muerto con la esperanza de alcanzar una meta, en donde supuestamente encontrarían la felicidad. Ellos pudieron ser felices antes de alcanzarla. Se enfocaron en tener esto o aquello, y así se fueron de este mundo sin saber qué es la felicidad. He aprendido, que al dejarte guiar por el mundo, siempre encontraré tropiezos y adversidades. Pero cuando me dejo guiar por Dios, todo resulta mejor. Nada, absolutamente nada grandioso de este mundo fue logrado sin la intervención de Dios. Por eso es preciso recordar que:

Quien busca amar, encuentra la paz,
quien busca misericordia, encuentra el amor.
Quien busca agradar a Dios. Lo encuentra todo.

¿Suena muy sencillo verdad? ¡Claro que es sencillo!, y para lograrlo tienes que desearlo profundamente. Así como deseas el aire para vivir. Que nuestra cualidad de agradar a Dios sea una necesidad, no solo un proceso. Si eres millonario, te librarás del estrés de las deudas. Si obtienes riqueza espiritual, te librarás de todo eso y más.
Todo nace, crece y muere. Un árbol, un ave o una flor. Asegúrate de que tu ilusión, sueños y esperanza nazcan, permanezcan en Dios y nunca desaparezcan. De

ahora en adelante encárgate de las cosas de Dios, y él se encargará de las tuyas.

Recomendaciones de la quinta clave:
Busca agradar a tu Ser Supremo

- Medita, ora y reflexiona en todo momento
- Busca estar en paz contigo mismo
- Trata de agradar a Dios en vez de la gente
- Que las ofensas y las críticas no sean una razón para perder tu paz interior
- Acepta que las personas son diferentes
- Vive pensando en Dios todo el tiempo
- No tengas temor a cambiar

La misión en tu quinta semana es que **de ahora en adelante. Disfrutes tu caminar, tu respirar, tu cuerpo, la naturaleza, etc. Que cantes cuando te duches. Que si ya tienes lo suficiente, no te aferres en tener más. Si no tienes lo suficiente, sólo se feliz. Dios se encargará de lo que a ti te hace falta.** Jesús dijo a sus discípulos: "Todo aquel que pida se le dará, todo aquel que toque se le abrirá. Porque Dios sabe tus necesidades desde antes que se las pidas" (Mat. 7:7-12) En otras palabras, "a Dios orando y con el garrote dando"

De aquí en adelante ya sabes que deberías detenerte y cerrar el libro, experimentar tu misión y continuar la lectura la próxima semana. Dejo esta regla en tus manos, recuérdala al final de cada capítulo.

1. Recuerda que la vida está hecha a base de decisiones.
2. Recuerda, que la vida te dará según lo que tú das.
3. Recuerda que nuestro peor enemigo, somos nosotros mismos.
4. Busca a tu Ser Supremo. Recuerda: Él siempre perdona, la gente a veces, pero el tiempo nunca.

> **5. Recuerda que solo Dios te puede dar lo que necesitas para ser feliz.**

No podemos olvidar nuestro pasado, pero si podemos cambiar nuestro futuro.

Asegúrate de tomar buenas decisiones, porque de estas decisiones dependerá tu futuro. ¡Manos a la obra!

Si estás leyendo estas páginas significan que estás dispuesto a todo. ¡Te felicito!

Sexta Clave:
Vive tu presente

No te quejes, recuerda que naciste desnudo, entonces ese pantalón y esa camisa que llevas, ya son ganancia. Cuida el presente, porque en él vivirás el resto de tu vida.

–Facundo Cabral

Recuerda que la vida no es nuestra y que el presente es nuestro mayor regalo. El presente te da la oportunidad de ayudar, de amar y de servir; o por el contrario, de humillar, de maldecir, o de odiar. Las cosas malas y buenas son parte del proceso de crecimiento como seres humanos. Hacer lo correcto, cuando se te presenta lo incorrecto, es lo que te convierte en una persona diferente.

En la carrera de la vida, no busques llegar primero, busca ser el último. En la carrera del amor, no busques que te amen, primero amate a ti mismo. En la carrera de decisiones, no decidas muy lento pero tampoco tardes mucho; por decidir rápido te podrías ir en el tren equivocado, pero por decidir lento podrías perder el tren indicado.

Estás siendo invitado a vivir la vida y a disfrutar el presente no a gastarlo. Gastarlo es pasar por el mundo perdido sin detenernos a oler las rosas, ver caer las hojas de los árboles, dejar que el viento acaricie tu pelo, ver caer las gotas de la lluvia, ver jugar a un niño, ver volar a una mariposa, cantar cuando estas triste y son-

Una Vida sin estrés

reír cuando alguien te lastima. Vivir el presente es encontrarle un sentido por el cual existes y ser feliz. Vive tu presente. Recuerda que una vida sin sentido, no tiene sentido vivirla. No te la compliques con pensamientos negativos, no llores por las personas que se han ido. Todo lo que te pertenece nunca se va, y si se va nunca fue tuyo o simplemente no te pertenecía.

Alguien que te hace llorar no es para ti. Todo aquel que en verdad te ama no se aprovecha de tu amor. Por el contrario, esa persona corresponde tus sentimientos, respeta tus ideas, y busca hacer lo correcto. Si es un ser amado el que sea marchado, es tan solo un angelito que se ha adelantado al lugar donde todos vamos.

Vive tu presente con emoción, lucha con carácter, levántate cuando te caigas, llora cuando estés triste. Pero nunca olvides, que Dios está contigo.

Ten confianza y mucha fe, los problemas tienen un propósito y las personas entran y se van por una razón. He aquí el ejemplo de esta historia.

En una ocasión un rey y su esclavo tuvieron un viaje juntos. En el trascurso del viaje tuvieron varias dificultades. El esclavo siempre contestaba con esta frase: "solo Dios sabe porque permite que esto suceda" Sonreía y animaba al rey a continuar.

Después del viaje tuvieron que regresar al palacio. El rey estaba cansado de escuchar las palabras que el esclavo utilizaba en cada situación difícil, pero también le sorprendía la serenidad que tomaba ante las circunstancias. El esclavo nunca mostraba enojo, solo decía que por alguna razón Dios deja que las cosas sucedan.

El rey como agradecimiento, invitó al esclavo a ir de cacería. Cuando se encontraban en la selva fueron

atacados por un feroz león, por suerte sobrevivieron. En el forcejeo, el león le arrancó un dedo al rey. El rey se dirigió al esclavo con furia diciéndole: "¡si es verdad que tu Dios existe y por una razón hace las cosas, ¿por qué permitió que perdiera un dedo?!
El esclavo le contestó: "solo Dios sabe porque permite que esto suceda". El rey molesto con la respuesta, ordenó que lo encerraran en el calabozo y le dijo: "Si es verdad que tu Dios existe, quiero ver si es capaz de librarte de esta prisión".

Dejando al esclavo encerrado, salió nuevamente de cacería con uno de sus mejores amigos y algunos cuantos guardias. Esta vez fueron secuestrados por un grupo de indígenas salvajes. Pero antes de ser sacrificados, notaron que al rey le faltaba un dedo. Un sacrificio "imperfecto" no sería del agrado de sus dioses, era algo prohibido, y lo dejaron libre. Todos los demás murieron.

Eventualmente, el rey llego a su reino. "Ahora comprendo" pensó el rey, y corrió a la celda de su esclavo; lo liberó y le contó lo sucedido. Pero hay algo que no entiendo dijo el rey. "No entiendo por qué tu Dios no te salvo de que yo te encerrara". El esclavo contestó. "Claro que lo hizo. Si usted no me hubiera encerrado, yo hubiera ido con usted de cacería y hubiera sido sacrificado también".

¿Si comprendes? No siempre entenderemos que las cosas que suceden en nuestra vida, suceden por una razón. La carga de dolor, desesperación y angustia que sientes, puede ser sanada si reconoces que es por una razón y que tu sufrimiento puede estar librándote de algo más devastador. Concéntrate en el hoy, que el mañana es algo mejor.

Todos planeamos y planeamos como si fuéramos a quedarnos a vivir en este mundo. Esto nos lleva a preocuparnos mucho por el mañana y nos olvidamos del presente. La vida es una escuela en donde estamos constantemente aprendiendo. Pero si olvidamos el amor, es como vivir con sed y un vacío en el alma. Esto nos ciega a no reconocer a la gente que en realidad nos ama. Ni a comprender los dolores y sufrimientos que padeceremos. Santiago 1:2-4 dice que cuando nuestra fe es probada, nos produce paciencia y la paciencia logrará nuestros objetivos. Dios nos pide que nos amemos, nos apoyemos y que demos nuestro mejor esfuerzo en ser rectos.

¿Quién te gustaría ser, Una basura, una mancha o una cicatriz?

Basura

Son las personas que pasan por este mundo solo volando de un lugar a otro. Son el tipo de gente que permite que los obstáculos los abrumen, nunca hacen nada productivo para los demás, pero nunca lo hacen tampoco para ellos mismos. Encuentran en toda situación una razón para quejarse, en vez de hacer algo para enmendarla, dejan que la gente y las circunstancias les roben este regalo llamado presente. Se olvidan que lo único que tenemos es el día de hoy y se inquietan por situaciones poco difíciles.

En estos tiempos la vida se ha transformado en un obstáculo para algunos y muy dura para muchos. Observas a la gente trabajar mucho, pensativa, enojada y muy aprisa. El que tiene mucho trabajo se acompleja por eso. Cuando otros se acomplejan por no tener trabajo. Escuchas a la gente decir que la vida es dura. La gente encuentra en las situaciones siempre algo negativo, en vez de algo positivo que les ayude a vivir con harmonía su presente.

Una mancha

Son todos aquellos que viven su presente. Son los que luchan contra las adversidades y buscan algo positivo por cada dificultad. Son los que deciden ser felices con lo poco que tienen. Son los que no piensan mucho en el mañana y hacen su mejor esfuerzo por vivir el hoy.

Estas personas no son lo suficiente persistentes. Con el tiempo se rinden. La influencia del mundo los lleva a dejar una actitud correcta, para anclarse por las cosas incorrectas. Son los que se dejan influenciar por los comentarios de la gente. Comentarios como: "Bueno, ya no queda de otra, tenemos que trabajar y trabajar, es normal que los hijos peleen con los padres, es normal que los adolescentes tomen, fumen, y tengan sexo sin control. Es normal que los hijos no obedezcan y sean rebeldes. Es algo que está sucediendo en este tiempo".

¿En verdad es esto es normal? No lo creo. Todo lo malo que sucede en el mundo, es simplemente el resultado de la falta de paz en nuestros corazones.

Miguel Ángel Cornejo autor de muchos libros de liderazgo dice: "las personas idealistas son todas aquellas personas que no se rinden a pesar de los obstáculos. Son esas personas que tienen una idea en la mente, y que luchan contra todo y todos para que se realice".

Si en tu mente ha pasado una buena idea de cómo mejorar el mundo. No te detengas, llévala a cabo; es poca la gente que lucha por un ideal; es poca la gente que se compromete a luchar por el bien de la humanidad. Por causa de gente positiva como Tomas Alva Edison es que tenemos luz eléctrica. La iniciativa y sed de libertad de Don Miguel Hidalgo dio un impacto en la independencia de México. Simón Bolívar fue otro gran líder influyente en la independencia de varios países de América Latina.

Existen muchas historias que reflejan un gran ideal en la gente. No te rindas, por creer que la vida es dura. Recuerda que no es lo mismo persistencia que fuerza. No inicies un ideal con fuerza sino tienes la persistencia de continuarlo. Muchos inician muy entusiasmados sus objetivos, pero cuando se encuentran con obstáculos, se rinden.

Inicia paso a paso, asegúrate de hacer de la persistencia parte de tu vida. Si tu objetivo es ser una persona de valores, continúa, no te detengas. Olvida lo que la gente pueda decir de ti. Ignora los comentarios que podrían hacerte cambiar de opinión y continúa con tu desarrollo personal.

Sé que es una responsabilidad muy grande y una lucha continua estar lidiando con la gente. Pero es más grande la responsabilidad de encargarte de ti mismo, de tu propia vida y sin duda alguna no podemos huir de nosotros mismos. Miguel Ángel Cornejo dice: "con el único ser humano que vivirás el resto de tu vida es contigo mismo. Y si no controlas tu propio existir, estarás siendo guiado por otros".

Es preciso respirar cuando la vida te ahorca; es preciso descansar cuando los momentos te abrumen; es preciso reflexionar, cuando las cosas salen mal. Pero no te recomiendo abandonar. Lo que te abruma, te detiene y obstruye, pero son cosas que puedes superar.

Te recomiendo ser valiente ante los obstáculos, reflexivo después de una derrota y humilde cuando falles a tus seres queridos. Persiste en hacer de tus situaciones una experiencia de aprendizaje.

El sabor de la medicina tiene un mal sabor, pero te alivia el cuerpo. El dolor de las tempestades en tu vida, es pesado y frustrante. Pero te alimenta la mente con sabiduría y te fortalece el espíritu con fuerzas.

La fuerza como la debilidad, no tienen nada que ver con lo que sucede en tu vida. Es solo cuestión de continuar en la batalla. Recuerda que los caminos en la vida no tienen fin, pero si te rindes, entonces has llegado a tu final. No abandones el camino del bien, no te abrumes por los obstáculos. Vive el presente y ambiciona llevar una vida mejor, esto, es una buena decisión.

La cicatriz

La cicatriz es toda esa gente que ha dejado marca en el mundo. Son personas que son recordadas, no por lo que tuvieron, sino por quienes fueron, lo que lograron y que tanto influenciaron en el mundo. Una persona que dejó un legado en cada espacio y por cada lugar que frecuentó. Es aquel que no se rinde a las adversidades, que es feliz con lo que tiene, y no se deja controlar por las malas situaciones.

Es el que sabe que la vida tarde o temprano le multiplicará todo lo que comparte. Es aquel que sabe que agradar a Dios es la clave para obtener abundancia. (Mateo 6:33-34) Estas personas están conscientes que están de paso en este mundo. Ellos saben que el único día que tenemos es el día de hoy. Esta gente tiene paz en su corazón y lucha por dejar una cicatriz en el mundo. Al final cuando mueren, siempre son recordados por las muchas cosas buenas que hicieron.

¿Qué te gustaría ser: una basura, una mancha o una cicatriz?

Nunca olvides que la vida es un regalo, pero con tiempo limitado. Nadie sabe quién es el que se irá primero. La Biblia dice Nunca digas haré esto, viajaré mañana, haré esto otro, etc. (Santiago 4:13) Tenemos que decir, "si Dios lo permite, esto se llevará a cabo" (Santiago 4:15-16).

Recuerda que vivir el presente es soñar, amar, compartir, respetar, pensar, observar, jugar, llorar y renovarte día a día. En otras palabras: nuestra vida es un solo instante en este mundo. Todo aquel que se la complica, es como estar muerto ya.

No dejes que las malas situaciones lastimen tu corazón.

Nunca vivas como si nunca fueras a morir,
ni mueras como si nunca hubieras vivido.

Por esta y muchas razones, deberías desear ser una cicatriz en el mundo. Serás esa persona que será recordada por generaciones.

Si necesitas descansar, hazlo; deja que la vida siga, pero nunca te rindas. Recuerda que así como el agua estancada se apesta, de la misma manera sucede cuando nos olvidamos del presente. Nos estresamos y nos llenamos de preocupaciones, miedo y prejuicios. Son cosas que dañan tu estado de vivir. Si esto es así, terminarás sin esperanzas de seguir. No puedes evitar que la gente te traicione, humille, maltrate, critique, etc. Lo que si puedes hacer, es no dejar que estas cosas se estanquen dentro de ti. Recuerda vivir paso a paso cada segundo de tu presente.

Deja que los obstáculos pasen sobre ti, pero déjalos salir. No todo en la vida es malo, lo que sí es malo es crear con tus malas experiencias un estancamiento emocional. Tienes que ser como un rio de agua cristalina. Este rio no permite que la basura se mantenga en su centro, sino que la manda a la orilla. No seas como el charco de agua sucia que no tiene un movimiento y que sin importar si le echas agua limpia, con el tiempo se apesta. Antes de querer abandonar el camino de Dios, y anclarte por los placeres que el mundo te puede brindar, hazte la siguiente pregunta:

¿Cuál es la diferencia entre una rosa y un cactus?

La rosa representa las cosas del mundo, los vicios, placeres y lujos. Cosas tentadoras como una rosa te dan alegría y te satisfacen al momento. Pero así como la rosa no dura para siempre. Estas cosas del mundo tampoco.

El cactus representa la vida recta, las espinas son los obstáculos, algo que parece no muy agradable, verde con espinas. Pero este cactus dura mucho tiempo y al final te dará una flor muchísimo más hermosa que una sola rosa.

En la vida todo está presentado de una manera ilógica. Siempre nos equivocamos en nuestras elecciones. Y es por eso que obtenemos malos resultados. En la vida podemos llevar una vida de rosa o una vida de cactus.

Te recomiendo llevar una vida de cactus. Al final obtendrás una mejor recompensa. Recuerda, la vida es un camino muy largo y todos lo recorremos con una bolsa y vamos colocando odio o amor. Al final del camino entregaremos cuentas de todo lo recogido. Abriremos nuestras bolsas y solo quien tenga dentro de ella lo que Dios nos pide, será la persona que formará parte de esa grande recompensa.

No te compliques la vida pensando en las cosas del mundo. No vivas planeando como si fueras eterno. El tiempo vuela y con él podrían volar nuestras esperanzas de encontrar paz. Hoy es el momento de meditar, y preguntarnos: ¿Cómo estoy viviendo mi vida? ¿En verdad soy feliz y experimento paz en mi corazón? Hoy es el momento de tomar mejores decisiones para encontrar más tranquilidad. Amigo lector:

No grites a menos que sea de alegría;
no llores, si no es de emoción;
no ignores, a menos que sea una critica;
nunca vueles, si esa no es tu ilusión.

*Llora de alegría por la vida
y se feliz en tu diario caminar.
Ignora las cosas malas de ella,
entra siempre en acción,
mira al cielo cuando estés triste,
pero vive con pasión.*

Disfruta como los niños, se atrevido como los adolescentes, paciente como los padres y sabios como tus abuelos. Un niño hoy ríe, mañana llora, pero siempre perdona. Un joven lucha, tiene energía y es valiente. Un padre lucha, se prepara y tiene paciencia. Un abuelo ya perdonó; tuvo sus riesgos, luchó mucho por su familia, y ahora te comparte su sabiduría. Te aconsejo escuchar a los que ya tienen experiencia, te evitarán muchos tropezones en la vida.

Si tú eres quien crea tus miedos, significa que tú sabes cómo derrotarlos; no tengas miedo al fracaso, porque es de donde aprendes. Calla cuando no tengas nada que decir; comparte cuando no tengas nada que dar; canta cuando estés solo, y siempre sonríe cuando esperen verte llorar.

Apresúrate cuando tengas que reflexionar, detente cuando veas peligro, descansa cuando estés cansado, pero busca encontrar la paz. La vida es hermosa, pero nosotros la complicamos. La vida es larga pero nosotros la acortamos; la vida es fabulosa, pero nosotros la arruinamos. La vida lo es todo, cuando amas de verdad.

Amigo lector, la vida es como jugar a esconderse y saber dónde te esconderás. Se pierde el sentido del juego. No te compliques tu existir pensando quién eres. Si yo supiera quién soy, la emoción de vivir se me terminaría. Lo grandioso de la vida, es que todos buscamos encontrar quienes somos. Vive con emoción buscando ese yo en tu interior; y te transformarás en una excelente persona.

Recomendaciones de la sexta clave:
Vive tu presente

- ❖ Vive tu vida apasionadamente feliz
- ❖ No dejes que las mala influencias te lleven a un camino diferente
- ❖ Recuerda que las cosas que te dan satisfacción temporal podrían dañar tu futuro completo
- ❖ La vida es solo un instante, hoy estas aquí mañana ya no
- ❖ Recuerda que no es fácil, pero no es imposible
- ❖ Ama sin medida a todo aquel que te rodea
- ❖ Llora, descansa y tropieza, pero no te rindas

La misión en tu sexta semana te invita a que **no te rindas, que disfrutes más de tu presente, te recomienda que sigas luchando por tu ideal.** Nadie tiene garantizado un excelente futuro. Lo que si está garantizado es un presente lleno de felicidad si decides ser una persona de amor. Lo que brindas son cosas que alimentan tu existir. El tiempo es el único que se va y ya no regresa. Pero todo lo que brindas hoy, es algo que regresará a tu vida más adelante.

Es tiempo de reflexionar, después ¡continua tu lectura!

1. Recuerda que la vida está hecha a base de decisiones.

2. Recuerda, que la vida te dará según lo que tú das.

3. Recuerda que nuestro peor enemigo, somos nosotros mismos.

4. Busca a tu Ser Supremo. Recuerda: Él siempre perdona, la gente a veces, pero el tiempo nunca.

5. Recuerda que solo Dios te puede dar lo que necesitas para ser feliz.

> **6. Recuerda, que la vida no es nuestra.**

Los únicos recuerdos que dejamos en este mundo son los momentos lindos y lo único que nos llevamos es el amor que recibimos.

Amar es un deber, ser feliz es una decisión.

Reflexiona esto cuidadosamente y sigue con la lectura.

Séptima Clave:
Cree en ti

> Actualmente la libertad y la seguridad no se encuentran tanto en lo que tenemos, sino en lo que podemos crear mediante la confianza y creer en uno mismo.
>
> —Robert Kiyosaki

Recuerda no depender de la gente para ser feliz. ¿Cuántas veces has dicho que la vida no vale nada porque has terminado una relación de pareja, perdido tu trabajo, un ser amado o te has divorciado, etc.? ¿Cuántas veces has dicho que la vida no es fácil y por eso no eres feliz? ¿Cuántas veces culpamos incluso a Dios de lo que nos sucede? En cuántas ocasiones te has hecho la pregunta: ¿Existirá alguien que en verdad me ame por lo que soy?

Situaciones en las cuales tu felicidad depende de algo externo. Estas situaciones controlan tu ánimo y son cosas que no están bajo tu control. Seré directo contigo: antes de encontrar paz y felicidad en tu vida, tienes que reconocer que las cosas y las personas son pasajeras. Si te identificas en alguna de las siguientes situaciones significa que no estás creyendo en ti.

Cuando colocas tu felicidad en una relación de pareja, de amigos, o de gente muy famosa. Significa que esperas que te amén, valoren, escuchen, entiendan y ayuden. En otras palabras, no te estás valorando, y mucho menos estás creyendo en ti.

Amigo o amiga, la felicidad no está en la gente. No significa que no necesitemos gente a nuestro alrededor, no estoy diciendo esto. Mira, cuando tenía 13 años de edad, estaba aferrado a que quería algún día ser parte de la selección de fútbol de mi país. Aun no olvido las veces que lloré cuando perdían. Muchas veces oraba para que ganaran y discutía con amigos de equipos opuestos. En otras palabras, era un fanático de la selección de fútbol de mi país.

Sin darme cuenta, me estaba aferrando a personas que ni siquiera conocía. Estaba dependiendo del triunfo o derrota de un equipo deportivo para tener un buen día o mal día. ¿Has observado como miles de personas lloran de dolor cuando su equipo en el mundial es eliminado? Como en ocasiones se agreden e incluso hasta se hacen daño.

Como olvidar cuando tuve mi primera novia. ¡Fue maravilloso! Como todo adolescente, sentía que la vida era color de rosa. No necesitaba nada más, sólo estar al lado de ella. Cuando terminé esa relación me encerré en mi egoísmo pensando que todo estaba en mi contra. Me sentía atacado por todos y creía que nadie me entendía. Pensaba que todo era malo. Por esta razón menospreciaba a las personas que en verdad me querían, solo por estar aferrado a ella, me encerré en un círculo de obsesión.

Estos son algunos de los pocos obstáculos que te detendrán a no ser feliz nunca. A esto le llamamos dependencia. Estos son ejemplos de circunstancias incontrolables. Son situaciones que están dominando nuestro estado de ánimo. Pensamos que son importantes, pero no los son. Todos pasamos por esta etapa donde buscamos que las cosas sucedan como a nosotros nos gusta. Una etapa donde queremos que la gente nos ame, ayude, entienda, etc. Y si esto no sucede, creemos que la vida es cruel.

Recuerda: Si la vida aleja a alguien de tu lado, es porque tal vez no te merecía. Si la vida no te da lo que deseas, es porque aún no estás listo para tenerlo. No te compliques la existencia, todo llega a su tiempo y todo a su tiempo se va. Te preguntarás: ¿entonces qué es realmente creer en mí?

Bueno, antes de decirte cómo creer en ti, comienza por abandonar el fanatismo de cualquier equipo deportivo, de cantantes o actores, o aquella persona en tu vida por la cual estás obsesionada. Sucede lo mismo con las cosas materiales; el aferrarse tanto a cosas materiales como a personas, te lleva a tener una vida desbalanceada. Estoy seguro que todo esto, te roba la paz.

Lo único importante es llevar una vida de amor, de esto entregaremos cuentas (Rom. 14:5-22) No cargues con todo el peso de la vida. Para avanzar más rápido necesitas no apegarte a personas que un día saldrán de tu vida. Asegúrate de vivir en paz con ellos, ámalos y ayúdalos. Todo lo demás es vanidad. No comprendemos que estamos de paso en este mundo. La mejor manera de vivir la vida es ser felices. Todo quien cree en sí mismo es quien encuentra la paz interior.

Tampoco te afanes al estudio y a las riquezas. Una persona no vale por su título universitario, ni tampoco por su estatus social. Valemos por nuestras acciones y valores. No malinterpretes las cosas. No he dicho que estudiar no es importante o que no necesitas superarte económicamente, intento decir que creer en ti no viene de ser más inteligente o tener más dinero.

Sé que conoces las lupas. Un pequeño objeto de cristal que al colocarlo a la luz solar, este lo trasforma en un pequeñito rayo de luz. Este pequeñito rayo de luz enfocado en un solo lugar, provoca fuego. Recuerda que centrarte en creer en ti, podría causar un incendio de confianza en tu interior.

En mi audio libro *Cómo ser Feliz en los Momentos Difíciles* comparto la importancia del don de creer, y de cómo desarrollarlo. ¿Quieres saber cómo lo desarrollas?

Primer paso: Ten confianza en ti mismo. Encuentra una razón para ayudar. Una razón para amar. Por eso de ahora en adelante, asegúrate de concentrar tú atención en el don de creer. Busca encontrar las cosas a las cuales estás muy apegado y reconoce que nada de eso es para siempre. Reflexiona. No puedes obligar a las personas a que crean en ti —solo puedes inspirarlas—. Lo que si puedes hacer es creer en ti.

Cuando amas, tu corazón es lindo, cuando tu corazón es lindo, la gente CREE en él, y cuando la gente cree en ti, eres feliz. Cuando odiamos, nuestro corazón está sucio, y si nuestro corazón está sucio, la gente no cree en ti, y si la gente no cree en ti, no eres infeliz.

El mundo está avanzando en tecnología, pero cada día se hace más escaso en amor propio. Cada día lujos y más lujos, pero menos gente que cree en sí mismos.

Segundo paso: Ten fe en ti. Olvídate si creen en ti, simplemente deja que esa gotita de fe que existe en ti crezca. Esto es algo seguro. No esperes algo incierto de otra persona. Si aprendes a tomar ventaja de lo negativo cuando lo bueno llegue, sentirás que tienes alas para volar. Que el motivo de vivir seas tú mismo, no la gente, no los lujos, no el dinero. No olvides que es normal que la gente se vaya o simplemente muera. Los carros se descomponen y las cosas se terminan.

¿Cuánta gente se ha ido a bancarrota? Mucha. Si tu felicidad depende que crean en ti, te frustrarás y tus ganas de vivir también se esfumarán. Se tú mismo; no dependas de nadie para creer que tú también eres importante. Para las cosas negativas siempre hay una respuesta, apagarlas con el bien.

Tal vez has terminado con tu novia/o, tu equipo favorito no ganó las finales, has perdido la mayoría de tus amigos, algún familiar tuyo ha muerto, tienes un hijo especial, te has divorciado, te han dado la espalda, alguien de tu familia te ha fallado o simplemente te sientes solo/a. Yo creo que es normal que digas: "la vida es dura, mis padres no me entienden, mi novia/o me fue infiel, mis amigos me traicionaron, Dios me ha abandonado, etc."

Lo que no es normal, es que estas cosas te sigan afectando por el resto de tus días. La paz es la tranquilidad que nuestro corazón conserva. Saber que has estado haciendo las cosas correctas, debería ser una razón para tener paz.

Deja que te roben tus pertenencias, pero no la paz,
deja que te lastimen el cuerpo, pero no el corazón,
deja que las cosas cambien,
pero no dejes de tener confianza y fe en ti.

La confianza y la fe no la construirás con lo que te falta. La construirás con lo poco que tienes. Todos sabemos que la vida no es fácil.

Pero no todos reconocemos que el secreto está en ti mismo. Todos sabemos que el que busca llevar los mandamientos de la ley de Dios, tendrá mucho en abundancia. Y cuando hablo de abundancia, me refiero a una riqueza interior, una paz que no tiene precio. Una tranquilidad que te hace más feliz.

No todos reconocen esto o nadie se los ha dicho aun. (Deut. 28:1-68) Sino no lo sabías. Después de leer Deuteronomio estarás consiente. La paz y la abundancia, siempre han estado en tus manos. En el don de creer en ti.

Búscala en tu interior. Creer en ti no es un proceso, un lugar, una persona, ni mucho menos una posición o que todo tenga que ser de color de rosa. "No". Una vida sin estrés es una decisión de creer en ti mismo. Entre menos necesites, más exitoso eres. Tener mucho en abundancia, no significa tener lujos y dinero, significa tener la paz de Dios en ti.

He aprendido que creer en ti, es no necesitar de nadie para sentirse satisfecho o sentirse entusiasmado. Es no necesitar de una recompensa para sentirse motivado. Por esta razón nunca peles con la gente, mejor trabaja en ti mismo. Nunca trates de cambiar a la gente, cambia las perspectivas de ti mismo. Observa que cuando tienes fe y crees en ti, todo a tu alrededor cambia.

Un imán no atrae plástico solo metal y cosas de fierro. Nosotros atraemos lo que pensamos y sentimos. Y si estás pensando lo peor de ti; atraerás cosas malas a tu vida.

No te detengas a ver como el mundo se destruye. De ahora en adelante construye el mundo que deseas. Hazlo dentro de ti. Si algún día sientes que inclusive la gente que amas te ha dado la espalda. Recuerda que Jesús fue el hijo de Dios, fue traicionado por uno de sus discípulos, fue abandonado en la hora de su muerte, pero aun así, perdonó a las personas que lo crucificaron.

¿Qué hacemos nosotros cuando alguien nos traiciona, abandona y lastima? Los culpamos, ¿verdad que sí? Sin reconocer que tú y yo somos los únicos responsables de construir una vida sin estrés.

Te voy a revelar un secreto. Yo en lo personal, cuando reflexiono en la vida de Jesús, encuentro fuerzas y siento creer en mí mismo. Recordar todo lo que tuvo que soportar por amor al mundo, me ayuda a llevar con serenidad las adversidades. Si eres una persona que no cree en la religión o en Jesús, puedes saltarte este capítulo. Pero si eres una persona con la mentalidad de aprender algo nuevo. Te invito a que sigas leyendo.

Cada vez que creas que la vida es injusta, reflexiona las siguientes preguntas, si crees que Dios te ha abandonado o algo drástico en tu vida te roba la felicidad, vuelve a leer estas preguntas. Medítalas y observa que lo que sucede en tu vida; no es ni el uno por ciento de lo que Jesús tuvo que padecer por amor a nosotros. ¿Escuchaste bien? SI. Por amor a nosotros. Ahora te pregunto:

¿Te enojas con facilidad? Jesús también se enojó con la gente que transformó el templo en un lugar de comercio (Juan 2:13-17). Significa que podemos enojarnos, es parte de nuestra personalidad. Martín Valverde dice: "Enójate pero no peques". Es normal que cometamos pecados, pero no seamos los causantes de que otros pequen. Por muchas cosas podríamos enojarnos, he aquí unos ejemplos: Por la falta de honestidad en la gente; una larga espera en el tráfico; la conducta de los hijos; la infidelidad de tu pareja; por situaciones las cuales no salieron como esperábamos o simplemente porque sentimos que no nos entienden.

El enojo descontrolado es pecado. Si te enojas, no cometas el pecado y dejar que el enojo dure todo el día. (Efesios 4:25-27).

El que controla su enojo es un inteligente; el que se enoja fácilmente es un necio (Proverbios 14:29-30).

El enojo ayuda al envejecimiento prematuro; el corazón tranquilo le da vida al cuerpo. (Proverbios 14:30-31).

El enojo te llevará a cometer locuras; el que fácilmente se enoja hace locuras, y el perverso es odiado. (Proverbios 14:17-18).

Sabemos que enojarse no es malo. Pero muchas veces por enojarnos, tomamos decisiones las cuales dañan nuestra relación con la gente que amamos. Por eso te recomiendo.

- Respira profundamente varias veces antes de hablar.
- Aléjate del lugar o la situación y pregúntate. ¿Que gano con gritar y agredir?
- Di que no quieres hablar en esos momentos, pero no te tardes tanto en volver para hablar con más serenidad.

¿Tienes miedo? Jesús tuvo miedo un día antes de ser apresado. (Lucas 22, 39-43). Tener miedo al futuro, la gente y a nuestras situaciones es normal. Jesús sabía su misión. Eso le ayudó a transformar esta pesada carga de miedo en una razón para hacer la voluntad de su padre. Busca hacer las cosas con un propósito. Esto te ayudará a llevar con más agrado cada situación difícil. Tu propósito podría ser ayudar a la gente, a tus padres, o simplemente ayudarte a ti mismo. Es normal que tengamos miedo. Pero no dejes que te abrume por situaciones poco complicadas.

¿La vida te ha hecho llorar? Jesús lloró por Jerusalén y por la muerte de Lázaro (Lucas 19:40-44), (Juan 11:32-37)

Llorar te purifica el alma. Desahogarse es bueno. En un programa de radio del Dr. Cesar Lozano comentaban que llorar tres veces en un año es saludable. También explicaban que todo aquel que no llora, se está guardando un impulso de angustia dentro de sí mismo; esto a largo plazo afecta el autoestima. Amigo varón: llora cuando pienses que lo necesitas. Deja a un lado ese orgullo de que los hombres no lloran.

El doctor William Frey, del Saint Paul-Ramsey Medical Center, en Minnesota, asegura que los gestos de la risa y el llanto son muy similares; y "una buena llorada" alivia tensiones, elimina la tristeza y permite que una persona se conozca mejor a sí misma y se relacione de una forma más honesta con los demás.

Aunque no lo creas, llorar también beneficia tu salud emocional, pues te ayuda a sacar las sensaciones negativas que un determinado evento o circunstancia ha causado en tu vida. Llorar te permite eliminar toxinas y luego de permitirte derramar algunas lágrimas, te sentirás mejor, un bienestar similar se experimenta al tomar un baño tibio antes de ir a la cama.

Llorar definitivamente no es una debilidad del ser humano, es una válvula de escape, como si se tratara de una olla de presión, no permitirse llorar sólo provocará aumentar más el estrés, sentirse impotente e incontrolable, y en el momento menos esperado explotar. Es como alimentar una bomba de tiempo cuya única finalidad es explotar en el momento menos esperado. No te contengas, llora si es necesario, pero evita tomar decisiones importantes hasta que te tranquilices.

¿Sientes que la vida no es justa? Yo creo que tampoco la era para Jesús. ¿Qué culpa tenia Él de todo lo que estaba pasando con el mundo? Él no tenía la culpa de la mala conducta de la humanidad. Sin embargo dio su vida por nosotros.

¿Te molesta cuando te insultan? A Jesús lo escupieron en la cara, lo maltrataron, humillaron y maldijeron. (Mateo 27:30-31). ¿Serías capaz de amar a una persona que te ofende, maltrata, escupe y humilla? No, ¿verdad? Jesús pudo hacer eso porque tenía paz en su corazón. No estoy diciendo que des la vida por el mundo; eso solo Jesús pudo hacerlo. Reconoce que para que la paz gobierne tu corazón, tienes que ser más consciente de tu conducta y pensamientos. La paz no es vivir sin problemas. La paz es llevar con agrado todo lo que para otros es un obstáculo.

¿Han traicionado tu confianza? Jesús fue traicionado por uno de sus discípulos (Mateo 26:14-16). Jesús convivió con la persona que lo traiciono. Él sabía que sucedería. Sin duda alguna, lo amó hasta el último instante. Yo te preguntaría: ¿Acaso sabes quién te traicionará? Por supuesto que no. Te aseguro que si lo supieras, nunca convivirías con esa persona. Nos gusta estar con la gente que nos trata bien. Pero nos alejamos de quien nos trata mal. Con esta actitud no estamos haciendo nada bueno en el mundo. El reto es dar, amar, entender y sonreír a todo quien te trata mal también.

¿Tu bondad no es reconocida? Solo un samaritano agradeció a Jesús (Lucas 17:12-19) Jesús sanaba y alejaba toda enfermedad imposible para el ser humano. Hacía milagros delante de los ojos de la gente, milagros jamás vistos. Pero cuando sano a estos diez leprosos, sólo uno de ellos regresó a dar gracias. No es extraño si no te agradecen, no es nada nuevo. Hacer el bien no significa que todos te amarán. Pero asegúrate que ayudar sea una satisfacción que hagas con alegría.

¿Te sientes solo? Jesús se sintió solo (Mateo 27:45-47) Las últimas palabras de Jesús en la cruz fueron: "Padre, ¿por qué me has abandonado?". Después de curar a muchos enfermos, alimentar a mucha gente, hacer caminar a paralíticos y amar a todo quien lo rodeó, se quedó solo. Él sintió esa amarga soledad incluyendo la de su Padre.

La soledad es un silencio muy agradable, es un momento en donde puedes tener comunicación con tu propio interior. Yo considero que si la humanidad se quedara en silencio por unos minutos, rezara, orara o meditara acorde a sus creencias, tendríamos un mundo mejor. Orar es algo que Jesús hacía frecuentemente y Él nos pide que hagamos lo mismo (Mateo 26:41-42).

Oración y Meditación
Por Josefina Edelstein

La costumbre de la meditación y la oración es una vía para encontrar equilibrio interior y transitar las circunstancias de la vida con una perspectiva diferente. Quienes transmiten esta práctica y los que la ejercitan con frecuencia, aseguran que permite conectarse con la sabiduría que se encuentra en uno mismo. Liberar ataduras te ayuda a vivir con armonía interior y el entorno.

En el plano de la salud, se asegura que la oración mejora el sistema inmunológico y endocrino, y por lo tanto, quienes la practican se enferman menos. Al mismo tiempo, disminuye el estrés, la ansiedad y la preocupación constante. El estado de relajación que provoca reduce la presión arterial y normaliza el ritmo cardiaco. La misma relajación alivia las contracturas musculares y los dolores lumbares y cervicales y también el dolor de cabeza.

Los que oran o meditan se conectan mejor con sus emociones negativas y con las que proporcionan calma y plenitud y esto mismo les permite lograr mayor equilibrio y claridad mentales.

¿Te gustaría saber orar o meditar? He aquí uno consejos prácticos

- Busca un espacio adecuado y silencioso, en el que no haya interrupciones. Le puedes llamar orar cuando hablas contigo mismo o sentir que hablas con tu Ser Supremo. Llámale meditación, cuando estás a solas, sin ruidos y tratas de no pensar en nada.

- Puedes meditar y orar sentado o de rodillas, en el suelo, sobre un almohadón o en una silla.
- Tu cuerpo debe estar cómodo y relajado.
- Alinea tu cuerpo, siendo consciente de que tu columna esté derecha y la espalda erguida, sin rigidez.
- Realiza una respiración consiente, sintiendo el aire que inhalas y exhalas. Trata de sentir, oler, y percibir el aire. Respira profundo sosteniendo la respiración por tres segundos. Exhala tomándote diez segundo para expulsar el aire. Repítelo varias veces con las misas instrucciones.
- Practica 5 minutos por día y poquito a poco estos simples pasos te llevarán a un estado de meditación cada vez más profundo. Hoy, antes de irte a dormir ora. Mañana antes de levantarte medita, busca con afán llevar acabo las seis misiones que te he presentado y experimentarás grandiosos resultados.

¿No te sientes aceptado o has sido rechazado por la gente? Jesús fue rechazado por muchos (Juan 18:19-24), (Lucas 17:20-25) Solo la mayoría de la gente humilde fue quien aceptó su palabra y lo siguió. Muchos estuvieron en su contra y nunca aceptaron la doctrina que compartía. Querer ser aceptado por todos es cuando te olvidas de ti. No busques que te amen por la ayuda que brindas. Martín Valverde dice: "Ama a tu prójimo como a ti mismo, no en vez de a ti. Amar a tu prójimo no es ser como ellos quieren. Amar es darlo todo, pero sin olvidarte de quien eres tú".

¿Te hace falta fe? Sus discípulos no tenían suficiente fe (Mateo 8:23-27, 14:29-32) Sus discípulos observaron las maravillas que Jesús hacía y tuvieron la oportunidad de estar con Él. Sin embargo les faltaba fe. Es normal perder la fe en momentos difíciles. Es normal que sientas que no existe salida. Mantente firme, Dios promete que todo estará bien, confía en El. Dios te llama para hacer algo imposible como a Pedro. (Mateo 14:29-32). Es tu elección confiar en Él o dejarte abatir por las tribulaciones de la vida.

¿Sientes que te han dado la espalda? Jesús fue negado por uno de sus discípulos (Juan 18:16-18, Juan 18:25-27) "Antes de que cante el gallo me habrá negado tres veces", fueron las palabras que Jesús dijo a uno de sus discípulos, después de que él decía que lo seguiría hasta la muerte. Es grande el dolor que sientes cuando alguien te dé la espalda, y considero que te seguirás lastimando, sino reconoces que son situaciones que van a pasar en tu vida.

En la vida te sucederá de todo, pero tú eres el único que permite que estas situaciones controlen tu autoestima. La vida te golpea con todo, pero tú eliges caerte o continuar. La vida te entrega mucho, pero tú decides que tomas o no. La vida eres tú mismo, es aquello que piensas, razonas y amas. No te atormentes pensando por qué la gente es arrogante. Tú decides avanzar a pesar de esto o decides ser lastimado.

¿El mundo para ti es una tentación? Jesús fue tentado (Lucas 4:1-13). Jesús estuvo cuarenta días en el desierto. El demonio se le acercó a ofrecerle todas las cosas del mundo. Le ofreció poder y riquezas a cambio de que lo adorara. ¿Cuáles son tus tentaciones en el mundo? Las riquezas, los vicios, los placeres, la fama, posesiones, etc. Por la magnitud y la rapidez con que este mundo crece todos tenemos tentaciones. El reto de cada individuo es este: No dejar que estas tentaciones destruyan tu tranquilidad. Si necesitas de dinero, fama y lujos para ser feliz, podrías quedarte esperando toda una vida.

¿Hablan mal de ti? Muchos decían que Jesús era un hombre bueno, otros decían que engañaba a la gente (Juan 7:10-13) Si te preocupa lo que la gente habla de ti, nunca lograrás desarrollar tu verdadero potencial. Te estancarás pensando en cómo hacer feliz a la gente, —algo que nunca lograrás—. Ya eres una persona única, desde el primer día que naciste.

Dedícate a ayudar, pero no te frustres por los resultados que puedas tener. No te compliques la vida. De lo único que eres dueño es de tus pensamientos, deseos y decisiones. Cada decisión tomada es algo de lo cual podrás arrepentirte o vivir orgulloso. Se tú mismo, escoge sanamente lo que deseas para tu vida. No te sientas culpable por algo que no está en tus manos, porque tu única responsabilidad es ser feliz y nada más.

Nuca dejes que un obstáculo te desaliente, porque es ahí donde te haces más valiente. Nunca retrocedas ante las circunstancias, porque es ahí donde encuentras la mejor enseñanza. Olvida lo que la gente habla de ti y conviértete en la persona que tú quieres ser.

¿Cuánto rencor guarda tu corazón? Jesús perdonó a los que lo crucificaron (Lucas 23:33-34) El daño más grande es no perdonar algo que nos han hecho. ¿Cuántas veces le has pedido a Dios que te perdone? ¿Muchas veces, verdad? ¿Cuántas veces has perdonado a tu semejante? Muy pocas veces, me imagino. Ya te he presentado las tres maneras de perdón en los capítulos anteriores y los beneficios que se obtienen al hacerlo. Está en tus manos encontrar la paz.

No olvides que la falta de perdón en la gente, es la ausencia de la felicidad. La vida no se acaba, lo que se acaba son las esperanzas de seguir. El tiempo no se detiene, lo que detenemos es la decisión de perdonar. Los problemas no existen, pero si el razonamiento de decir que este es un problema.

Deja que tu cuerpo crezca, pero no dejes que crezca la soberbia en ti. Deja que el tiempo transcurra, pero no dejes que te transforme en alguien diferente.

¿La gente te odia? Jesús nos dice: "si la gente los odia, recuerden que primero me odio a mí" (Juan 15:18-25), "les he dicho todo esto para que no pierdan la fe" (Juan 16:1-4) Esto es muy poco de lo mucho que Jesús padeció. Recuerda que tenemos la suerte de no saber qué es lo que nos depara el futuro.

No sabemos quién nos traicionará, humillará, maltratará ni cómo será nuestra muerte. La gente se frustra por lo que se imaginan que sucederá. ¿Te imaginas como viviríamos si supiéramos nuestra vida completa? Yo creo que Jesús sabía cuál era su futuro. Tenía el poder para hacer todo lo apuesto a su misión. A pesar de eso, "amó, luchó, ayudó y perdonó" (Juan 6:60-71). Que mejor ejemplo para nosotros. Mientras que queremos tener una vida hermosa. Sin obstáculos ni esfuerzos. No caemos en cuentas que el siendo hijo de Dios; padeció sufrió pero nunca permitió que las cosas negativas del mundo lo desviaran de su misión.

¿Con que afán solemos decir?: Yo ayudo a los pobres, voy al templo, soy honesto, etc. Hacemos muy poco y esperamos mucho.

La Biblia te invita a que recuerdes la vida de Jesús (Lucas 12:8-12) y después tomes la decisión de amar a la gente. Quiero que recuerdes que:

Ser agradecido te dará la virtud de la tranquilidad.
Decir perdón, te dará la virtud de la humildad.
Pero amar a todo quien te rodea, te dará una vida sin estrés

Nunca olvides que disculpar es de corazones humildes y perdonar es de almas grandes. La explosión de paz en tu corazón se manifestará cuando aceptes que quien perdona se libera de una pesada carga. Olvida el rencor, ama otra vez. Deja el pasado, vive el presente. Lleva siempre en tu mente que todos nos merecemos otra oportunidad.

Permite que la gente se acerque a ti, pero no permitas que se lleven tu felicidad. Deja que la gente hable de ti, pero no escuches lo que te hace mal. Recuerda que con el tiempo, las cosas buenas nos darán un mejor futuro. Nunca olvides: a paso más lento, camino más seguro. A pensamientos correctos, resultados concretos. A una vida de paz, un futuro de amor.

Recuerda, que la alegría de tus enemigos es verte derrotado, decaído, humillado, y destrozado. Pero la tristeza de ellos, es no poder molestarte o detenerte. Recuerda que tu mejor cualidad es creer en ti mismo, antes que ellos crean en ti.

Recomendaciones de la séptima clave: *Cree en ti*

- ❖ Ámate
- ❖ Valórate
- ❖ Cuídate
- ❖ Se tu mismo
- ❖ Respétate
- ❖ No te apegues a las personas o cosas
- ❖ No te tomes muy en serio lo que escuches

En la séptima semana te doy la misión de **amar a todo quien te rodea**. **A tener compasión, en vez de odio, tolerancia en vez de enojo, amabilidad en vez de agresión, dar respeto en vez de abnegación etc.** En otras palabras, hacer únicamente acciones positivas y de amor. A vivir una vida aceptando los obstáculos en nuestro camino. **Te invito a reflexionar que Jesús fue el hijo de Dios y que igual que tú, también sintió todo lo que tú sientes.** El tenía una misión, la cual era muy grande. Esta misión lo ayudó a evitar las tentaciones y aceptar las tribulaciones. Pero ante todas las cosas. Cree en ti mismo.

A estas alturas te he dado siete misiones, las cuales podrían ayudarte a encontrar paz.

1. Recuerda que la vida está hecha a base de decisiones.
2. Recuerda, que la vida te dará según lo que tú das.
3. Recuerda que nuestro peor enemigo, somos nosotros mismos.
4. Busca a tu Ser Supremo. Recuerda: Él siempre perdona, la gente a veces, pero el tiempo nunca.

> *5. Recuerda que solo Dios te puede dar lo que necesitas para ser feliz.*
> *6. Recuerda, que la vida no es nuestra.*
> *7. Recuerda no depender de la gente para ser feliz.*

El poder de la creencia es algo que no tiene límites, creer es diseñar y construir; creer es libertad. En otras palabras todo lo que concibe tu mente y crees que es verdad, ¡lo será!

Comienza a crear lo que te hace feliz, guárdalo en tu mente y corazón. Recuerda que al creer... puedes crear.

Octava Clave:
Vive sirviendo a tu prójimo

El que quiera ser importante entre ustedes que sea su servidor y quien quiera ser el primero que sea su esclavo. De la misma manera yo no viene a ser servido, sino a servir.

—Jesús De Nazaret, (Mateo 20:26-28)

Sirve a los demás y no esperes que te lo agradezcan. Sabemos que existen miles de personas a quien les gusta servir. Con el tiempo esta gente se cansa de hacerlo. ¿Por qué?

Simplemente porque existen ocasiones; cuanto más sirves, menos recibes. Cuanto más eres humilde, más se aprovechan. Cuanto más intentas ser una persona de bien, menos resultados obtienes. ¿Dime si no te ha pasado?

Déjame decirte que servir, es como arrojar algo hacía el cielo, y que tarde o temprano caerá sobre ti. Si la gente no te sirve, esto es normal, pero sentir inquietud cuando a la gente no le gusta servir, esto no es normal. La gente piensa diferente, actúa diferente y observa las perspectivas de la vida a su manera. Recuerda que el servicio es un principio universal para todo quien busca encontrar paz. Este principio te trasforma en una persona útil, necesaria y muy feliz.

El día que consideres que servir es más importante. Gran parte de tu ser experimentará una tranquilidad. Esto te proporcionará un sentimiento de paz.

Esperar algo a cambio cuando ayudas, es como esperar que una planta te devuelva el agua con que tú la riegas. No esperes que la gente aplauda tus triunfos, sabes que es algo que no siempre sucederá. Siéntete orgulloso/a por lo que haces, y continua adelante.

El libro mas conocido y de mayor impresión en el mundo, que es la Biblia nos dice: "que tu mano derecha no sepa lo que tu mano izquierda ha hecho" (Mateo 6:1-4). Cuando ayunes asegúrate de que la gente no lo note. Perfúmate y lávate la cara, quien te dará la verdadera recompensa es El que está en el cielo, no los que están en la tierra (Mateo 6:16-18).

Te dice que no es necesario publicar lo que has hecho, y mucho menos esperes que te agradezcan. Deja que la gente hable cosas negativas de ti. Deja que te menosprecien, pero no te atormentes por todo esto. Si estás seguro de estar haciendo el bien. Se noble y humilde, confía en Dios y todo te será posible.

No te frustres tratando de entender por qué la gente es muy diferente. Tú tienes el control de tu vida, eres dueño de tus pensamientos y el responsable de cómo reaccionas ante las cosas que te roban la paz.

En otras palabras, tú eres capaz de ver las cosas de una manera positiva o negativa. Tu eres el único quien toma control de todo lo que existe dentro de ti. Recuerda que el futuro es incierto pero creo firmemente que cuando servimos, estamos sembrando cosas buenas para nuestro porvenir. La próxima vez que hagas algún bien a alguien, hazlo sin pensar en recibir recompensa.

 Cuando alguien te critique por lo que haces, aléjate. No esperes de este mundo algo que nunca será. No vivas apartado de tu interior. No necesitas decir "te amé, te ayude, te entendí, te comprendí, etc." Solo siéntete feliz por haberlo hecho. El oro lo escondemos por su valor, pero mucho más vale tu servicio cuando no lo haces público. Yo he tenido batallas y las he perdido. He tenido problemas y me han vencido, he tenido miedo y lo he superado. He tenido dinero y lo he perdido. Gracias a Dios me siento fuerte. Las batallas me transformaron en un guerrero. Los problemas me ayudaron a ver las soluciones. Los miedos me enseñaron a ser valiente y el dinero me ayudó a reconocer que la felicidad está en servir a los demás.

Con el trascurrir de los años, te das cuenta que la vida es vanidad. No sabes para quién trabajas y no sabes cuándo morirás. Si eres más sabio no significa que eres más importante, si eres más rico no significa que vivirás más. La luz de un comienzo en el mundo, es cuando el don de servir toma el control de tu vida. No dejes que esta luz se apague. Tu esperanza podría ser muy pequeña, pero si la compartes con la gente, se trasformará en muchas lucecitas que alumbrarán tu caminar.

Siempre habla de paz, aunque te critiquen; habla de amor aunque te odien; habla de esperanza, aunque te maldigan y nunca te detengas a seguir sirviendo si esto te da felicidad.

Tu ego es tan solo un montón de pensamientos que te impiden vivir plenamente. Son cosas que no podemos evitar. En ocasiones tienes que alejarte del mundo y mantenerte en contacto con Dios. Esto te dará un descanso. Te darás cuenta que los problemas ya no serán los mismos.

Recuerda que en la vida, quien se aleja del don de servir, nunca experimentará un sentimiento muy lindo.

Recuerda que el amor, la fe y el servicio son cosas que te impulsan a ser una persona más valiosa. Nunca olvides que el ego, la envidia, el apego y el rencor, son solo basura que te detienen y te hacen la vida pesada. La vida es un espejo, y hagas lo que hagas, siempre es un reflejo de lo que eres. Si eres incapaz de ayudarte a ti mismo, nunca podrás ayudar a los demás.

La Madre Teresa de Calcuta decía: "Tenemos que amar y ayudar al grado que nos duela". Ella también dijo: "El que no vive para servir no sirve para vivir".

Si sirves a la gente, encuentras paz en ti mismo. Encontrarte a ti mismo, es encontrar la felicidad. Fuera de nosotros existe un mundo corrompido, dentro de nosotros existe la clave para cambiarlo.

Ella lo hizo, y fue una persona de gran influencia. Ella fue una cicatriz en el mundo. Hasta el momento muchos la recuerdan con mucho amor. Ella ayudó al prójimo al grado de quedarse sin nada. Entregó toda su ayuda incondicional a todo quien lo necesitaba. ¡Que más grande ejemplo de servicio!

Para concluir este capítulo te invito a reflexionar el siguiente mensaje:

*Se servicial con la gente
y en algunos casos no obtendrás nada.
Se agradecido con Dios y lo obtendrás todo.*

Cánsate de trabajar, pero nunca de servir.

*Espera un atardecer soleado,
pero nunca un agradecimiento de la gente.*

*Se tú mismo pero con humildad.
En la vida estamos muy lejos de ser perfectos.
Nunca dudes en servir,
si tienes en tus manos la oportunidad.*

*Esto alimenta tu alma,
dará paz a tu interior
y te dará una satisfacción.*

*Una persona que sirve a los demás tiene paz.
Una que espera que la sirvan, vivirá decepcionada.*

*De ahora en adelante
¿Quién quieres ser tú?*

Recomendaciones de la octava clave:
Vive sirviendo a tu prójimo

- ❖ Transfórmate en un ejemplo de servicio
- ❖ Sirve pero no esperes que te sirvan
- ❖ Que tu servicio sea de corazón
- ❖ Busca alegrar un corazón todos los días
- ❖ Apoya a los más débiles
- ❖ Sirve a los demás
- ❖ Camparte todo lo que tengas

En tu octava semana tu misión es **que brindes ayuda a todo aquel que lo necesite, en tu trabajo has más de lo que te piden. En tu hogar ayuda a tus hijos con la tarea, apoya a tus amigos, entrega aliento a todo aquel que esté deprimido. Olvídate de ser el centro de atención. Mejor céntrate en los demás. Busca siempre servir. No te angusties por no recibir un halago, una recompensa o un agradecimiento de la gente. Vive plenamente dando servicio.** Que esta sea tu misión en tu vida.

1. Recuerda que la vida está hecha a base de decisiones.
2. Recuerda, que la vida te dará según lo que tú das.
3. Recuerda que nuestro peor enemigo, somos nosotros mismos.
4. Busca a tu Ser Supremo. Recuerda: Él siempre perdona, la gente a veces, pero el tiempo nunca.
5. Recuerda que solo Dios te puede dar lo que necesitas para ser feliz.
6. Recuerda, que la vida no es nuestra.
7. Recuerda no depender de la gente para ser feliz.
8. No esperes que te agradezcan.

Sin importar que tan alto sea tu sueño. Sigue creyendo, porque quien cree, entra en un mundo de irrealidad, donde la palabra imposible no existe.

Sin importar si vas solo o con un equipo, cuando levantas la cara al cielo y tienes *fe* todo se torna en una realidad.

No existe don más poderoso que el don de tener fe y creer en tu Dios superior.

Novena Clave:
Olvida el futuro

No pienses en el pasado, no sueñes en el futuro, mejor concentra tu mente en el momento presente.

—Buda

Nadie sabe lo que sucederá mañana, pero podemos aprovechar el presente. Por esta razón, si recuerdas tu pasado, que sea con alegría. Si vas a reflexionar acerca de tu presente que sea para ser feliz. Si piensas mucho en tu futuro, entonces decide hacer algo bueno hoy.

Recuerda que iniciamos cuidando a los niños. Cuando seamos viejos seremos cuidados por ellos. Asegúrate de estar sembrando una buena semilla en cada paso de tu vida. En el futuro, serás tú el cosechador de todo lo sembrado.

Sabemos que existen cosas en la vida que tienen que suceder. Pueden suceder el próximo año, la siguiente semana o en unos instantes. La historia de un triunfador como tú está escrita por medio de dificultades, obstáculos y adversidades; pero con un final de logros y mucho éxito. Es necesario tener fe, confianza y mucha paciencia. Lo importante es tener el carácter y el valor de iniciar ahora. Tomemos en cuenta que existen muchas cosas que frustran al ser humano. Pero existen tres las cuales necesitamos reconocer que no están en nuestras manos.

1. La frustración al futuro

Tal vez dirás: "no es verdad, yo no temo a lo que pueda suceder mañana". Pero, ¿has observado a la gente que trabaja mucho? Esta gente se preocupa por un futuro mejor. Sé que has observado a gente estudiar y preparase. Esta gente se preocupa por su futuro. Sé que has observado a mucha gente tener lo suficiente, pero siguen aferrados a tener más. Esta gente se preocupa por el futuro.

No existe gente que no se preocupe del futuro, todos en diferentes perspectivas, pero lo hacemos. Todos esperamos que el mañana sea mejor que hoy. Todos deseamos tener algo mejor.

Recuerdo haber comentado esto en una de mis conferencias, a lo que ellos contestaron: "¡Ramiro!, lo que tratas de decir es que no trabajemos y estudiemos. En otras palabras, que no nos preocupemos por el bienestar de nuestras familias". Woody Allen dice: "me interesa el futuro porque es el lugar donde voy a pasar el resto de mi vida".

Claro que es importante estar preparado para lo que nos espera. Claro que es necesario estudiar, trabajar y pensar en el futuro. Pero no te aferres a tenerlo controlado con exceso. Esto te llevará a una frustración de no vivir tu presente. Recuerda que:

Eres el fruto de tu pasado,
pero eres el sembrador de tu futuro

Lo mejor que puedes hacer es vivir el presente con lealtad, con honestidad, con gratitud, con valores, principios y mucho amor a lo que haces. Te seguro que vivir la vida de este modo, es la única solución para que tengas un futuro mejor. Tus reconocimientos, certificados y honores son como el castillo de tu vida; pero la honestidad, la lealtad, los principios y los valores son la llave para entrar a este hermoso castillo.

Quién de nosotros por preocuparse, crecerá un poco más. Quién de nosotros puede añadir una hora más a nuestro día por pensar mucho en los problemas. Los problemas no se solucionan con frustrarnos o preocuparnos. Mirar las aves del campo. Ellas no siembran ni cosechan. En cambio ellas no mueren de hambre (Mateo 6:25-34).

Recuerda que el futuro es algo incierto, pero el presente es algo que podemos aprovechar. Nuestro cuerpo no deja de crecer; no importando si piensas en el pasado o el futuro. Espera con paciencia, pero vive el presente.

En una ocasión, un tenista profesional tuvo que enfrentar en la semifinal a un rival de nivel inferior. Se confió y se puso a pensar como derrotar al siguiente rival, el cual era muy bueno. Cometió un error por distraerse. Se puso nervioso y pensó: "que pasaría si pierdo este partido", esto lo llevó a cometer el segundo error. Al final perdió el partido y toda esperanza de llegar a la final. Se enfocó más en el rival del futuro y se olvidó que el presente era más importante.

2. El temor a la muerte

En una ocasión la muerte le preguntó a la vida: "¿Por qué a ti todos te aman y a mí me odian?". Y la vida le contestó: "Porque yo soy una bella mentira, y tú una triste realidad"

—Autor desconocido

Nadie en este mundo tiene la vida comprada. Nadie en este mundo sabe cuándo partirá y en realidad, si no tenemos el control de esto, ¿por qué preocuparnos tanto?

En una ocasión una persona, quien me pidió quedar en el anonimato me dijo: "Ramiro, hay tres cosas en la vida que tienes que evitar para no preocuparte de la muerte:"

1. No hacer daño a la gente, saber perdonar y amar a todo aquel que te rodea.
2. Cuidar de tu salud alimentándote sanamente, haciendo ejercicio, no tomar alcohol o drogas, fumar cigarrillos o usar todo aquello que podría hacer daño a tu cuerpo.
3. No ser promiscuo.

Te has preguntado el por qué tanta violencia y muerte de mucha gente inocente. La respuesta podría estar en la falta de perdón, comprensión y la paz en nuestros corazones. Un hombre muy feliz es incapaz de hacer daño a nadie. Pero un hombre enojado hace daño inclusive al que no tiene la culpa.

Inclusive, gente famosa con mucho dinero ha muerto por ingerir exceso de sustancias toxicas. Por respeto a estas grandes estrellas, no las mencionaré por nombre. Pero te has hecho la pregunta: ¿les faltó algo? Claro que sí. Paz en sus corazones.

Si hablamos del porcentaje de muertes por el alcohol, sabríamos que el 50% de las muertes en el mundo, son por accidentes donde la gente toma y maneja. ¿Qué podríamos decir de las Enfermedades de Transmisión Sexual (E.T.S.)?. Te invito a que hagas tus propias investigaciones. Encontrarás resultados que te asustarán.

Si tomas en cuenta estos tres consejos que esta persona me compartió, te aseguro que las probabilidades de vivir muchos años son muy grandes. No te preocupes cuando morirás, eso solo Dios lo sabe.

Nuestras debilidades son las que corrompen la paz. Si somos débiles a los obstáculos y las tentaciones, nunca encontraremos paz. Muchas veces somos muy necios en entender que lo que sucede en nuestro alrededor fue tan solo el resultado de nuestras propias decisiones.

Sé que has escuchado a gente decir: "lo que más duele no es la muerte de un ser amado, sino el remordimiento de saber que cuando estuvo en vida, nunca se le amo, perdonó o se pasó tiempo juntos". Decimos por lo general: "te perdono, te amo, era una buena persona, etc." Pero solo cuando ya están en la tumba.

No temas a los que matan el cuerpo, sino a quien después de que mueres tiene el poder de arrogarte al fuego o darte vida eterna (Lucas 12:4-7).

Miguel Ángel Cornejo dice en sus presentaciones: "si quieres que tus problemas se acaben, muérete". En la vida siempre habrá problemas, la clave es saber cómo reaccionamos ante esas situaciones.

La paz no significa no tener problemas. La paz es llevar con agrado todo lo que para otro es un obstáculo. La paz no se siente, se vive. La paz no es algo que se gana, es algo que vivirás día a día. La paz no es algo mágico, es algo único. La paz es el aumento de tu amor hacía ti mismo, como para las demás.

Carta de un padre a su hijo amado

Si algún día muero no quiero que llores, porque no es algo que yo decidiré. Estoy tratando de ser el mejor padre. La satisfacción que quiero llevarme cuando muera, es dejar al mundo un hijo fuerte, un hijo útil para la humanidad; alguien que luche por su realización, alguien que sea un ejemplo de vida; un hijo con espíritu luchador, pero con la humildad suficiente para amar. Recuerda que la riqueza de una persona se encuentra en sus principios y valores. La felicidad se encuentra en hacer tu trabajo con amor. Las personas grandiosas y extraordinarias son las que usan sus valores y principios para enfrentar las malas situaciones con valor.

Con el amor aprenderás a tener paz, con la paz aprenderás a reflexionar y reflexionando es como reconocerás que eres el responsable de tu futuro. Somos seres humanos que sentimos, pensamos y sufrimos. Pero cuando no hacemos lo correcto, es cuando corrompemos nuestro existir.

Siempre que tengas una duda busca el silencio. Cuando estés triste, busca hacer algo bueno. Cuando estés enojado es mejor bajar la cabeza. Siempre que no tengas nada que decir, no trates de inventar una historia. Siempre que quieras llorar, no tengas vergüenza en hacerlo. Deja que las personas se alejen de tu vida, pero no permitas que te dejen una marca de dolor.

Deja que tu mente piense cosas malas. Esto es normal, pero no dejes que estos pensamientos se trasformen en acciones. Deja que te desprecien, pero no permitas que ellos sean la causa de tu infelicidad. Si fracasas, recuerda que siempre habrá muchas excusas de porque fracasamos: "Es culpa del otro, de la situación, no estaba preparado, etc., etc., etc." Pero cuando triunfamos solo existe una explicación. Somos el resultado de nuestra propia preparación y triunfar o fallar es nuestra responsabilidad.

No olvides que si no eres fuerte, la vida te hará madurar. Si no eres persistente, te quejarás de lo que la vida te presenta. Cambia de rumbo pero no de actitud. Se inteligente pero no soberbio, se testarudo pero solo a tu propia felicidad.

La vida es como un laberinto: confuso, grande y muy difícil de entender. Siempre que crees haber encontrado la salida te encuentras con que es una enorme pared. Solo si caes y no te levantas, es cuando habrás perdido. Es aceptable caer, lo que no es permitido es quedarse ahí.

Existen muchas cosas que no podrás cambiar o sobre las cuales no tendrás control. Pero tu futuro depende de la preparación que lleves en tu presente. De la misma manera como te preparas para el trabajo, es necesario prepararte para la vida. Tu abuelo siempre me decía: "si no haces tus actividades con amor, es mejor quedarte en casa. Las enfermedades como la actitud, son muy contagiosas".

El éxito exterior es luchar contra el mundo y sus contrariedades; el éxito interior, es luchar contra ti mismo y tus debilidades. El éxito exterior traerá satisfacción y entusiasmo; el éxito interior te dará paz. Escribe en la página de tu vida, lo que valoras de ella; borra lo que te hace daño. Recuerda escribir al final de tu día, lo que quieres para mañana.

Lucha hasta el cansancio. Avanza con paciencia, no importa si no vez resultados. Escribe en los renglones de tu vida a las personas que valoras. Coloca todo tu esfuerzo en cada acto de bondad y nunca pierdas la fe.

Tu Padre que te ama…

Amigo lector la muerte de alguien no está en tus manos. Lo que sí está en tus manos es hacer feliz a todo quien te rodea. Tu padre podría estar en una cama a punto de morir, tu hermana podría tener cáncer terminal, tu hijo podría padecer de ataques cardiacos o ser un niño especial, tu mejor amiga podría tener sida… El temor a morir también es un temor al futuro. Es un ambiente de tensión, porque no sabes que sucederá mañana.

Di que amas, que extrañas y que quieres. Perdona y ayuda. Has de tu vida un mundo maravilloso, para cuando te marches la gente que te rodea no tenga nada malo que decir, solo desearte un feliz descanso. Y si acaso ellos se marchan primero, descansarán en paz.

3. Amar de corazón y no ser correspondido

Como lo comentamos en un capítulo anterior. Es difícil comprender por qué existe gente que se quita la vida por amor a una persona. Es triste ver personas que se aferran a una relación, y por ello sufren mucho. Pero no solo sufren, sino que se olvidan de ellos mismos, hasta al grado de perder su dignidad.

Si te encuentras en una relación amorosa y has pensado en quitarte la vida o hundirte en la tristeza. Quiero que recuerdes que en el mundo existen millón de personas mejores de la que está a tu lado. Me encanta una frase que dice: "Nadie se merece tus lágrimas y quien se las merece nunca te haría llorar".

Es un desgaste emocional esperar que la gente te amé. Se feliz porque el amor está creciendo en ti. Y si esa gente no es merecedora de tu amor, con el tiempo, se alejarán de tu vida. Así como el agua y el aceite no pueden estar juntos. De la misma manera, la vida va colocando a cada persona en su lugar.

La persona que en verdad te ama no te lastima, no te ignora, no te humilla, no te critica. Te acepta, te respeta, te valora y está a tu lado en todo momento.

El verdadero amor es bondadoso y paciente. No tiene envidia, orgullo ni arrogancia. No es grosero ni egoísta, no se irrita ni es rencoroso y no se alegra de la injusticia, sino que encuentra su alegría en la verdad. Todo lo disculpa y todo lo cree. Todo lo espera todo lo soporta. (Corintios 13:1-13).

Es triste ver gente hundida en decepciones amorosas cuando alrededor de ellas existe más gente que están dispuestas a darlo todo por ellos/as. La frustración del desamor es dolorosa y en ocasiones te ciega a ver las maravillas que existen en tu alrededor. En ese momento es donde muchos se rinden a continuar con su vida.

Te recomiendo que cuando tengas ganas de abandonar. No olvides leer Salmos 36-37.

Recuerda desechar lo que te hace daño y escribir en un papel lo que te da felicidad. Me he dado cuenta que por cada momento lindo que vivimos, siempre habrá una canción que este de moda, o puedes coleccionar un objeto para recordar ese momento.

Yo siempre guardo algo que me haga recordar un momento feliz. Tengo una canción la cual me gusta escuchar cuando las cosas no marchan bien. Esa canción, me hace revivir momentos y sentimientos de felicidad.

Tengo cartas, fotos, objetos pequeñitos he insignificantes, que cada vez que los observo, me hacen recordar los momentos de alegría como verdaderos momentos de triunfo.

En la vida tendrás momentos malos y buenos. Asegúrate de conservar algo pequeño de los momentos felices. Te darás cuenta que sin importar cuánto tiempo haya trascurrido, estos objetos te ayudarán a revivir un momento de felicidad.

En mi adolescencia supere tantas cosas y hoy en día me río y me digo a mí mismo: ¿Cómo pude ser tan tonto al permitir que algo tan simple me haya complicado mi vida? Me lamento preguntándome: ¿cómo fue que deje que una persona me haya robado mi felicidad?

Dice un refrán muy conocido: "El olor del gusto es más fuerte, cuando el sabor de la realidad no está presente". Esto significa que cuando el enamoramiento es físico, muchas veces nos equivocamos. Pensamos que estamos enamorados cuando en realidad podría ser solo una atracción física.

Joven y adulto que lees estas líneas. Esta atracción hace que nos aferremos a personas equivocadas. Pero la realidad no es así. Deberíamos observar lo que en verdad perdura y dejar a un lado la apariencia. En estos tiempos son pocos los que toman la amistad como una preparación para el noviazgo o el noviazgo como una etapa para el matrimonio.

Deberíamos observar si la persona tiene esas cualidades que te harán feliz no en el momento presente, pero también en el futuro. Si buscas en Google: "causas del divorcio" encontrarás que las causas más comunes son: la infidelidad, los celos, el maltrato, el egoísmo, los cambios de personalidad, la mentira y la falta de comunicación.

Piensa un poco y reflexiona. En este tiempo ya las parejas no tienen la misma comunicación que antes. Yo sé que uno de los temores más grandes de la gente es estar solos, y a consecuencia de esto, comienzan relaciones con cualquier persona.

Sean Covey (hijo de Stephen Covey) en su libro "Los siete hábitos de los jóvenes altamente efectivos" dice: "Tienes que tener escrito en un papel una lista de las cualidades de la persona que te gustaría conocer, por ejemplo: amable, con buenos hábitos, trabajadora, que le guste estudiar, con valores y principios". Si llevas acabo esto. Las probabilidades de encontrar a la persona de tus sueños son más altas, comparado a que si solo te relacionas con cualquier persona simplemente para no estar solo/a.

No temas a la soledad, no es un castigo; pero si un espacio para hablar con Dios. Ese espacio en donde encontrarás paz contigo mismo. Nada es más lindo que estar solo, sintiendo que alguien te escucha, te entiende y que no necesitas de nadie para ser feliz. La soledad tampoco es falta de amor, tan solo es un mundo en donde existe Dios. La soledad no es la falta de gente a tu lado, porque a veces estando rodeado de personas, te sentirás solo/a.

La soledad es la mejor maestra para encontrarte a ti mismo. Es un regalo y te ayuda a crecer interiormente. Te recomiendo cuando estés a solas y en silencio que medites tus dolores y preocupaciones, y después, en silencio, observa y disfruta las maravillas de Dios. No estás solo, Él está aquí. No estés triste, Él siempre te apoyará. Solo confía en Él y siempre te levantará.

Recuerda: "se cansan los jóvenes y se fatigan, los muchachos se tropiezan y caen; pero los que esperan en el señor, renuevan sus fuerzas: vuelan como las águilas, corren y no se fatigan, caminan y no se cansan" (Isaías 40:30-31).

Martín Valverde dice: "cuando tu corazón se enamore, asegúrate de pensar con la razón, no con el corazón. Observa a tu alrededor, no te encierres en tu propio mundo. El mundo es grande, como tus expectativas de que existe algo mejor para ti".

No podemos estar en el presente añorando el pasado. Siempre es preciso saber cuándo se acaba una etapa de la vida. Si insistes en permanecer en ella, más allá del tiempo necesario, pierdes la alegría y el sentido del resto

—Paulo Coelho

Ríe con tu familia, corre con tus hermanos, baila cuando estés sola/o. Los seres humanos no necesitamos de nadie para ser felices. Lo que necesitas es reconocer que en este mundo donde tu amor no cabe, es porque existe otro lugar mejor, que te espera. Amarte a ti mismo/a, es saber que nadie tiene el derecho de lastimar tus sentimientos. Valorarte a ti mismo/a, es saber que te mereces algo mejor.

En resumen. El futuro es incierto. Pero dependerá de lo que estás haciendo ahora mismo. La muerte de nuestros seres amados no está en nuestras manos. Hoy puedes tener a tus padres, mañana no. Es normal que los seres humanos suframos hoy, pero mañana reiremos de lo que nos sucedió en el pasado.

No llores por el que se va, sino por el que se queda, no pidas por el que te ama, sino por el que te odia, no busques algo que ya tienes, busca lo que te hace falta saber. Nunca busques la felicidad lejos de donde se encuentra, que es dentro de ti.

Si en tu corazón hay paz, no te importará lo que suceda a tu alrededor, sabrás sobrellevar las turbulencias. No importa quien muera, si en ti no ha muerto la esperanza. No importa quién te lastime, si en ti hay perdón. Si necesitas llorar, llora; eso te ayuda a limpiar el alma. Recuerda que cuando más solo/a te sientas, es cuando menos compañía necesitas.

No olvides que nuestra mente es limitada, porque nosotros la limitamos a las maravillas del mundo. Pero también podría ser una bomba, porque muchas veces explotamos de enojo por una ilusión perdida. No esperes que te amen, ámate. No esperes que te valoren, valórate. No esperes que te sirvan, ¡sirve a los demás! No esperes que la vida sea justa, se justo contigo mismo.

El que espera mucho de los afectos de los demás, siempre vivirá infeliz. Pero quien aprende a obtener todo eso de sí mismo, no le importará estar solo, ni necesita de nadie para disfrutar de paz en su corazón.

He aprendido que todo bajo el sol tiene un mismo destino, y que las cosas materiales no te dan la felicidad. Es necesario primero ser feliz, y lo que el mundo te pueda ofrecer llegará. Todo lo que nos sucede, es porque nosotros lo hemos provocado. Nadie te ama, sin antes tu haber hecho algo para que suceda. Somos un corto instante en este mundo. Deberíamos enfocarnos en lo que estamos sintiendo ahora y en lo felices que somos hoy.

Recuerda no pedirle a Dios dinero, pídele sabiduría para compartir, no le pidas poder, pídele humildad para saber actuar. No le pidas fama, pídele amor para dar. No pidamos lo mundano, lo que deberíamos pedir es que se haga su voluntad.

Acepta los obstáculos en tu vida, confía en Dios. El piensa darte algo mejor. De la misma manera como un entrenador de karate, prepara a sus estudiantes para las peleas. De la misma manera Dios te da los obstáculos para hacerte más fuerte.

Hoy al experimentar tristeza estás creando raíces fuertes para cuando la verdadera tormenta llegue, seas tú quien quede de pie. Si Dios no te ha concedido algo que le has pedido, es porque aún no estás listo/a para recibirlo. Todo a su tiempo.

¿Tú nunca darías un cuchillo a un niño de cinco años, aunque te lo pidiera, o me equivoco?

Todos sabemos que ese niño se haría daño.

Lo mismo sucede con nosotros. Sabemos que ese Ser Supremo al que tú le pides las cosas, no te dará algo que aún no estás listo para controlarlo. Sé paciente. De ahora en adelante cuando estés triste, pregúntate: ¿Qué tan fuerte soy? Si a pesar de eso crees que ya no puedes más, te invito a recordar la siguiente historia:

El helecho y el bambú

Un día decidí darme por vencido, renuncié a mi trabajo, a mi relación, a mi espiritualidad... quería renunciar a mi vida. Por eso, fui al bosque para tener una última charla con Dios.
—Padre —le dije—. ¿Podrías darme una buena razón para no darme por vencido?
Su respuesta me sorprendió.
—Mira a tu alrededor, echa un vistazo. ¿Ves el helecho y el bambú?
—Sí —respondí.
—Cuando sembré las semillas del helecho y el bambú, las cuidé muy bien. Les di luz y les di agua. El helecho rápidamente creció. Su verde brillante cubría el suelo. Pero nada salió de la semilla de bambú. Sin embargo no renuncié al bambú. En el segundo año el helecho creció más brillante y abundante. Y nuevamente, nada creció de la semilla de bambú. Pero no renuncié al bambú —dijo Él—. En el tercer año, aun nada brotó de la semilla. Pero no renuncié. En el cuarto año, nuevamente, nada salió de la semilla de bambú. Pero no renuncié al bambú. Luego en el quinto año un pequeño brote salió de la tierra. En comparación con el helecho era aparentemente muy pequeño e insignificante. Pero sólo 6 meses después el bambú creció más de 20 metros de altura. Se la había pasado cinco años echando raíces. Aquellas raíces lo hicieron fuerte y le dieron lo que necesitaba para sobrevivir.
Nunca le daría yo a ninguna de mis creaciones un reto que no pudiera sobrellevar. —dijo Él solemnemente.

—¿Sabías que todo este tiempo que has estado luchando, realmente has estado echando raíces? No renuncié al bambú, y nunca renunciaría a ti. No te compares con otros —me dijo—. El bambú tenía un propósito diferente al del helecho, sin embargo, ambos eran necesarios y hacen del bosque un lugar hermoso. Tu tiempo vendrá —me dijo Dios—. ¡Crecerás muy alto!

—¿Qué tan alto debo crecer? —Pregunté.

—¿Qué tan alto crecerá el bambú? —Me preguntó en respuesta.

—¿Tan alto como pueda?

Tú tienes un propósito. Las situaciones de tu vida son raíces que te ayudan a llegar más alto. Pero es necesario que esperes ese día con paciencia.

Para concluir quiero que recuerdes: Las palabras son un aliento para continuar. Un abrazo te da la fuerza para no rendirte. Pero la fe en Dios, es lo que te motiva, te nutre y te da la fuerza para seguir adelante.

Busca tener fe en Dios. Esto te dará la fuerza cuando las cosas no estén bien. En mi primer libro titulado: *"Nuestras vidas, por qué el yo me lastima y por que el tú me hace feliz"* expliqué la necesidad de tener una razón para nunca rendirse.

Si en tu vida tienes muchos problemas y en tus manos está la solución, ¿qué esperas para resolverlos? Hazlo. Pero sino está en tus manos, ¿para qué te preocupas? Con problemas o sin ellos, no vales más ni vales menos. Solo disfruta del ahora, recuerda estos consejos y nunca te rindas.

Recomendaciones de la novena clave:
Olvida el futuro

- ❖ Se tú la única razón de vivir
- ❖ No necesitas de nada ni de nadie ser feliz
- ❖ Tú eres lo más importante para Dios
- ❖ Más allá de las cosas materiales y la gente, estás tú primero
- ❖ Espera con paciencia, tu recompensa será grande
- ❖ Sal de tu mundo y verás que hay muchos que te están esperando
- ❖ Nadie es más importante que tú mismo

En esta, tu novena semana te doy la misión de **olvidarte de lo que te hace mucho daño. Te invito a vivir el presente, a llevar una vida saludable sin vicios y placeres. Que busques ayuda profesional para dejar todo vicio vano. Te aliento a que no pierdas la esperanza. Si acaso piensas que "ya es tarde" porque has contraído alguna enfermedad, tu vida es un desorden o si crees que tu situación no tiene solución, quiero que recuerdes que "lo que es imposible para el ser humano, es posible para Dios"** (Lucas 18:27-30). **Todo es posible cuando se desea de corazón iniciar una nueva vida.**

1. Recuerda que la vida está hecha a base de decisiones.

2. Recuerda, que la vida te dará según lo que tú das

3. Recuerda que nuestro peor enemigo, somos nosotros mismos.

4. Busca a tu Ser Supremo. Recuerda: Él siempre perdona, la gente a veces, pero el tiempo nunca.

5. Recuerda que solo Dios te puede dar lo que necesitas para ser feliz.

6. Recuerda, que la vida no es nuestra.

> *7. Recuerda no depender de la gente para ser feliz.*
> *8. No esperes que te agradezcan.*
> *9. Nadie sabe lo que sucederá mañana.*

Dentro de nosotros existe una semilla de motivación. Es tu fe y la creencia de que eres una persona única. Es la convicción del poder de tu mente y el convencimiento de que eres especial.

Ya has llegado muy lejos. Casi terminamos el libro, ¡ánimo!

Décima Clave:
Nunca es tarde

*Mientras la gente se ría porque eres diferente. Tu ríete de ellos porque todos son iguales. Prefiero que la gente me odie por ser quien soy y no que me ame por lo que no soy.
En el camino de esta vida tú eres
el protagonista y el productor también.*

—Kurt Cobain

En una ocasión un hombre caminando por la calle vio salir y entrar a mucha gente de una pequeña casa. La admiración del hombre fue más grande cuando observaba la alegría que mostraban al entrar, pero contrastaba con la tristeza que reflejaban cuando salían. Curioso, preguntó a una de las personas, qué era lo que había ahí, y este le contesto: "dentro se encuentra un sabio con una cajita la cual contiene la repuesta a todos los problemas de la gente". Se preguntó así mismo: "si está ahí la respuesta a nuestros problemas, ¿por qué es que la gente sale triste en vez de alegre?" Entró y grande fue su sorpresa cuando abrió la cajita... adentro encontró solo un espejo que reflejaba a la persona, y una pequeña nota al costado decía: "Tú eres la persona que se puede ayudar a sí mismo o la persona que puede hacer una revolución con tus problemas".

Tu vida no cambia cuando tu jefe cambia, cuando tus padres cambian, cuando tus amigos cambian o cuando tu pareja cambia. Tu vida cambia cuando tu cambias. Tú eres el único responsable de ella.

En otras palabras, la vida nos da lo que somos, nos recompensa con lo que pensamos y nos entrega mucho según nuestro comportamiento. El mundo es como un espejo; nos devuelve todo aquello que nosotros somos.

La manera en que enfrentas la vida podría hacer la diferencia.

Esta frase me recordó tres charlas con amigos que me dijeron: "Ramiro ya soy así, no puedo cambiar. Para mí, disfrutar la vida es salir, divertirme, tener varias mujeres, estar de fiesta en fiesta. Me encanta la diversión. La vida es muy corta para gastarla en estudiar y prepararme".

Mi segundo amigo me dijo: "ya es muy tarde Ramiro.... Soy una persona adulta que ya cometí muchos errores. Mi vida es un desastre. No puedo cambiar nada. Por mi deshonestidad, mi familia ya no cree en mí, mis amigos me dan la espalda y ya no tengo oportunidad alguna. Todo está perdido".

Pero la charla que más me impacto fue la de un anciano, quien me dijo:

"Nunca es tarde para cambiar

Tenemos que reconocer que si no fuimos unos buenos hijos, podemos ser unos buenos padres y si no fuimos unos buenos padres, podemos ser unos buenos abuelos y si no hemos sido unos buenos abuelos podemos ayudar a otros con nuestra experiencia. Cuando yo tenía tu edad desperdicie la vida en vicios, placeres y cosas poco productivas.

Cuando estemos viejos no nos arrepentiremos de las diversiones que no disfrutamos. Nos arrepentiremos de haber perdido el tiempo en ellas. Pero más allá del arrepentimiento, existirá la pregunta: '¿qué fue lo que hicimos mal?'
Me deje guiar por las malas influencias. Creía que mis padres eran lo peor. Solo porque ellos no me dejaban vivir la vida según mis gustos. Perdí la confianza de ellos, y después los perdí también en un accidente automovilístico. Mi padre murió al instante y las últimas palabras de mi madre fueron: 'Nunca olvides que te amamos y que nunca es tarde para cambiar'
Después de lo sucedido, decidí cambiar mi vida completamente. Con el tiempo me propuse cambiar mi actitud. Me comprometí a valorar más las cosas y a las personas. Me alejé de las drogas, el alcohol, las mujeres y todo aquello que me daba mala influencia. Fue muy duro. Llevaba en mi conciencia que no fui un buen hijo para mis padres. Vivieron una vida miserable con mi rebeldía. Ahora que no están conmigo, anhelaría unos minutos para decirles que finalmente he cambiado. Con el tiempo comprendí que cuando somos hijos no entendemos a los padres, cuando somos padres no entendemos a los abuelos y cuando ya es demasiado tarde, es cuando queremos remediar la cosas. Precisamente cuando ya no hay tiempo"

Con la mirada fija en mí, siguió agregando:

"En la vida tenemos muchas oportunidades, las mismas oportunidades que yo tuve, tú las tienes ahora mismo. Con diferente perspectiva, pero las tienes. Los seres humanos corrompemos nuestro propio existir. Queremos hacer algo para lo que no fuimos hechos; y por eso es que obtenemos malos resultados".

Me compartió el siguiente ejemplo:

Misión del águila: volar muy alto, renovarse a los 40 años y vivir 40 años más. Si el águila no decide renovarse a los cuarenta años, morirá.
La misión del lobo: trabajar en equipo conseguir alimento y proteger su manada.
Misión del humano: Amar, compartir, respetar, ayudar, servir y cuidar de la naturaleza y los animales.
"Deja de ser quien no eres y acepta quien eres en realidad. Solo los animales aceptan con agrado su misión. Los seres humanos corrompemos y tratamos de hacer algo diferente. El día que el ser humano reconozca su misión, será el día que este mundo cambie. Tenemos que reconocer que nosotros somos los únicos responsables de nuestra paz y si amamos y nos preocupamos por ayudar, entonces encontraremos mucha paz en nuestra vida.

Finalizo con esto:

"Las huellas en tu camino se pueden borrar. Pero las cicatrices del alma siempre permanecerán. Tienes un solo instante que ya nunca regresará. Una sola oportunidad de amar y perdonar. Si deseas que tu vida cambie, es necesario que cambies tu personalidad. La persona sabia no es quien lo sabe todo, pero si la persona que ayuda al mundo. La persona especial no es quien tiene una cualidad diferente, pero si la persona que piensa en el bienestar de los demás. Ser único y ser especial es solo saber que eres tú mismo sin cualidades ni habilidades pero con paz en tu corazón".
Más allá de tu apariencia y tus palabras, existe una pizquita de tristeza. Más allá de tu entusiasmo y valor existe una pizquita de miedo. Más allá de tu

odio y soberbia siempre encontrarás alguna razón para amar.

Estas palabras me ayudaron a comprender que todos tenemos miedo... pero me da más miedo ver cómo la gente se hunde en la angustia. Todos sentimos tristeza... pero es más triste saber que existe gente que cree que nadie los ama.

Cuando crees que para el mundo no eres nadie. Déjame decirte que para mucha gente, tú eres el mundo. No suspires por tus sueños mejor ve tras ellos. No imagines tus metas, créalas con tu actitud. No esperes que tus metas y sueños se realicen, actúa como si ya las hubieras alcanzado.

Recuerda que solo sembrando se cosecha. Solo actuando es como veremos grandes resultados. No está en tus manos encontrar la paz del mundo. Pero si está en tus manos ser un ejemplo de paz. Que no te de pena abrazar a las personas o decir: "lo siento", "no sé", "eres mejor", "me equivoqué", "te amo", "perdón, es mi culpa", etc.

Solo por medio de esto, el ser humano encontrará su verdadera realización en la vida. Todos nos equivocamos y cometemos errores. Pero no existe mayor equivocación; que el creer que el amor no te dará paz. El costo del éxito interior es: la paciencia, la prudencia, la comprensión, el perdón, la honestidad, la lealtad y el amor.

¿Cuántos de nosotros estamos dispuestos a tener paciencia con la gente; comprensión con nuestros amigos; perdonar al que nos ha traicionado; decir la verdad en todo momento; ser leales con la gente y amar a todo el que te maltrata humilla y desprecia?

Suena muy difícil de lograr, pero el resultado es encontrar paz en tu vida.

La paz en tu corazón

Cuando le preguntaron a un ciego cuál era el secreto de su felicidad, él dijo: "No veas a las personas, siéntelas. Yo no tengo vista y gracias a eso. Nuca he visto a nadie. Yo me imagino a las personas con un rostro maravilloso".

Cuando le preguntaron a un sordo el secreto de su éxito, él contestó: "gracias a Dios yo no escucho las críticas, las ofensas y las cosas que hablan mal de mí. Las críticas no me detienen".

 No esperes a perder algo valioso en tu vida. Inicia hoy mismo a ser una persona de éxito. No te acomplejes por lo que no tienes, mejor da gracias y busca lo que deseas. Si tomas la decisión de cambiar hoy, la vida a tu alrededor cambiará. Si reconoces que lo que damos a los demás es lo que obtendremos, entonces proponte dar esperanza, amor y fe.

¿Cuántas veces te has sentido ofendido por una crítica? ¿Cuántas veces has juzgado a personas, sin antes saber su vida? Muchas veces me imagino.

La lealtad, el amor y la honestidad, son las cualidades que más se admiran en una persona. El resultado de estas cualidades dará paz a tu corazón. Tendrás una conciencia limpia. La gente podría estar en tu contra por ser leal y honesto. A pesar de esto, continua.

No olvides que tu peor enemigo eres tú mismo. Por eso es necesario luchar contra tu propia manera de juzgar las situaciones. Impide que los malos pensamientos interrumpan las cosas buenas que quieres hacer. Libérate de ese orgullo absurdo que te impide ser una persona humilde.

La historia de Armando

Un joven de 14 años que abandonó su casa por irse con una banda de amigos que estaban envueltos en drogas y narcotráfico, dejó la siguiente carta mientras se encontraba hospitalizado de emergencia:

"Nunca creí que mi final sería así. Quiero decirle a todo aquel que lea esta carta, que escuche estas palabras con atención. Yo merezco la muerte, porque fui un mal hijo. Pero mis padres no lo merecían. Cuando abandoné mi casa creí que con la gente que me iba eran mis amigos. Imaginé que el alcohol, las drogas y el placer era lo que yo quería. Mis padres siempre me dijeron que la familia era lo primero. Mientras que yo consideraba a mis amigos mi familia.

Un día por la noche, uno de mis amigos en un encuentro callejero, por accidente mató a una persona del bando opuesto. Yo de alguna manera resulté involucrado porque estaba ahí. Dos días más tarde ellos tomaron venganza asesinando a mis padres. Me buscaron hasta encontrarme y me rompieron las dos piernas, me desfiguraron el rostro y me golpearon por horas hasta que perdí el sentido. Me dieron por muerto.

Días después desperté aquí, en este hospital. Sé que no sobreviviré, pero no me importa. Ahora entiendo que la vida no es cruel. Nosotros hacemos de nuestra vida un desastre al tomar malas decisiones. Mis decisiones cambiaron el futuro de toda mi familia.

Si hoy tomaras la decisión de ser un mejor individuo. Si tomaras la decisión de llevar paz en ti. Si tan solo reconocieras que por una decisión podrías ayudar a mucha gente a tu alrededor y encontrar esa paz que millones de personas anhelan experimentar.

Si tienes esta carta en tus manos significa que tienes la oportunidad de reflexionar algo que yo pude haber hecho. Que tu familia sean primero antes que cualquier amigo. Que tus padres estén antes que cualquier vicio. Sigue luchando, y recuerda que nunca es tarde para cambiar".

El joven murió pocas horas después.

Clarisa, una joven de 17 años me comento: "si tan solo mi papá no tomara mucho y saliera en la noche con sus amigos, sé que estudiaría con más tranquilidad. Amo mucho a mi padre y tengo miedo le suceda algo malo".

Rigoberto, un padre una vez dijo: "si tan solo mis hijos me entendieran que no tuve la oportunidad de tener tanta educación como hoy en día ellos la tienen. Sé que podría ser un mejor padre".

Todos necesitamos de un pequeñito cambio. Un cambio que alivianaría la pesada carga en nuestra vida. No olvides que Dios prometió riqueza y bienestar en abundancia si cumplíamos sus mandamientos. Pero también nos explicó las consecuencias si no obedecíamos esos mandatos (Levíticos 26, 1-38).

Lo que sucede hoy en día es tan solo el resultado de la desobediencia por no cumplir con lo que Dios quiere. Nuestra necedad de pensar que el ser humano puede vivir por sí solo. Es un concepto que nos aleja de las promesas de Dios. No es que Dios se halla alejado de nosotros. Lo que pasa que nosotros ya no lo buscamos.

En una ocasión, en una barbería se inició una discusión entre un joven y un barbero sobre la existencia de Dios. El barbero replicaba. "¿Si Dios es amor, por qué existe tanta maldad, guerras, maltrato, violencia, sufrimiento y hambre? ¿Si Dios existe y nos ama, por qué permite tanto sufrimiento?" El joven se quedó callado por unos instantes, y sin dar respuesta a eso, pagó y se fue. Un poco confundido, se quedó pensando y se dijo así mismo: "Esto es verdad. ¿Si Dios nos ama porqué permite tanto dolor en la gente?" Después de caminar dos cuadras, se encontró con un vagabundo. Parecía no cortarse la barba por años. Lo miró fijamente y reflexionó. Enseguida, le pidió al vagamundo lo acompañara de regreso a la barbería. Parándose en la puerta del lugar, el joven le gritó a los barberos: "Los barberos no existen". Uno de ellos contesto. "¡Cómo que no existen! Yo soy un barbero, ¡y aquí estoy!" Pero el joven añadió: "Si los barberos existen, ¿por qué este hombre tiene la barba tan larga?" Otro barbero respondió: "¿Cómo podríamos cortarle la barba a ese hombre si nunca viene a la barbería?" Entonces el joven exclamó con firmeza: "De la misma manera como este hombre no busca a los barberos, por eso no sabe que existen. Si nosotros no buscamos a Dios, como podemos decir que no existe".

Recuerda que todos estamos llamados a ser exitosos en este mundo. Todos podemos arruinar nuestra existencia o alegrarla con las cosas pequeñas. El mundo es tan grande como lo es tu mente.

Piensa con cuidado y pregúntate: ¿Existirá alguien que lo sepa todo? ¿Existirá alguien con la respuesta a todo lo que sentimos? Esa persona eres tú mismo, nadie más. Tú eres un ser humano maravilloso, con todas las cualidades para ser feliz. Nunca dejes que las situaciones te lleven por el camino de la desesperación.

En una ocasión un amigo me dijo que la vida "es complicada". Y que su peor enemigo era "la nostalgia". Yo le dije que la nostalgia es un pasado que ya no está en nuestro control. Necesitamos cerrar círculos que nos afectan y que nos llevan a olvidarnos del presente. Cerrar un círculo no significa olvidarnos de la nostalgia, es reconocer que ya no está en nuestras manos. Suelta el pasado, vive tu presente y espera con fe tu futuro. Así como todo tiene una entrada, también tiene una salida. Pero siempre estamos enfocados en la puerta que se ha cerrado, tanto, que no observamos la nueva que se ha abierto.

Es muy triste escuchar a la gente culpar a los demás por lo que les está sucediendo. Es absurdo pensar que llegará un gobierno que resuelva nuestros problemas. Es triste ver que entre nosotros nos destruimos en vez de apoyarnos. Es triste saber que la gente espera ver un cambio cuando no tenemos la voluntad de iniciarlo en nosotros mismos.

No importa que te llamen "raro" o "loco" por no seguir lo que el mundo te ofrece. Sigue siendo tú mismo. Que no te importe perder a tus amigos por no vestir como a ellos les gusta. No te afanes en tener todo lo que otros tienen o estar a la moda. Ser "raro" es ser diferente. Ser diferente es ser único.

Es tu propia decisión querer cambiar tu actitud.
Es tu propia decisión continuar como has estado viviendo.
Es tu propia decisión dejar que las situaciones te roben la felicidad.

—Carmen Santo

En una ocasión un padre dejo esta carta que decía:

"Cuando era joven quise cambiar al mundo. Quería que la gente fuera feliz. Así que luche y luche pero fallé. Cambie de opinión y decidí cambiar a mi ciudad. Persistí, compartí toda mi experiencia, ayudé a mucha gente, lamentablemente falle otra vez. Después decidí cambiar al gobierno. Estudié, me preparé y llegué a la presidencia. A pesar de todo mi esfuerzo, fallé. Me conforme con cambiar mi hogar. Me dediqué a mi familia. Les brinde valores, amor, sabiduría y luche día y noche por querer cambiarlos. También falle. Ahora estoy aquí, postrado en esta cama, a punto de irme de este mundo y finalmente ahora comprendo que perdí mi tiempo tratando de hacer algo que se encontraba dentro de mí. *¡Tenia que cambiar yo primero, ese era el secreto!*

En conclusión, quiero que recuerdes que de ahora en adelante te asegures de tener buenos pensamientos, para que cuando decidas hacer algo tus acciones sean buenas, y que para obtener buenos resultados, necesitas reconocer que todo está en tus manos.

Recomendaciones de la décima clave:
Nunca es tarde

- Piensa muy bien adonde quieres llegar
- Reflexiona por qué quieres cambiar
- Recuerda que no siempre estamos en lo correcto
- Lucha por ser tu mismo, pero no te olvides de los demás
- Si crees no tener una misión en la vida, busca alguna que te fortalezca
- Nunca olvides que hoy podrías ser una persona diferente
- olvida lo que la gente dirá de ti o de cuantos amigos perderás. Si decides cambiar, la paz llegará a tu corazón.

La misión en tu última semana, es que te **liberes de ese orgullo que tu corazón conserva y borres esa angustia de pensar que ya no hay solución a tus problemas.** Te invito a que luches por mejorar el día de hoy. Nadie tiene idea del impacto de paz que experimentarás si decides ser una persona con amor en el corazón.

1. *Recuerda que la vida está hecha a base de decisiones.*
2. *Recuerda, que la vida te dará según lo que tú das.*
3. *Recuerda que nuestro peor enemigo, somos nosotros mismos.*
4. *Busca a tu Ser Supremo. Recuerda: Él siempre perdona, la gente a veces, pero el tiempo nunca.*
5. *Recuerda que solo Dios te puede dar lo que necesitas para ser feliz.*
6. *Recuerda, que la vida no es nuestra.*

> *7. Recuerda no depender de la gente para ser feliz.*
> *8. No esperes que te agradezcan.*
> *9. Nadie sabe lo que sucederá mañana.*
> *10. Nunca es tarde para volver a iniciar.*

De ahora en adelante, antes de tomar una decisión reflexiona si esa decisión te dará una satisfacción temporal, o te ayudará para obtener un mejor futuro. Asegúrate de dar lo que quieres recibir. Reconoce que pensar positivamente es la clave para que, precisamente, todo lo positivo de la vida llegue a ti. Busca agradar a Dios cumpliendo sus mandamientos.

No te aferres tanto al futuro, goza de tu presente, no hagas de las cosas o de la gente una necesidad. Comparte sin medida, no esperes que te agradezcan, confía en Dios antes que en la gente y recuerda que todos nos merecemos una segunda oportunidad. Todo esto te dará paz en tu corazón y en tu mente.

Epílogo

Quiero agradecerte por haber sido perseverante en terminar de leer este libro. Te deseo mucha armonía y felicidad en este mundo, en donde sólo el que tiene esperanza y nunca pierde la fe sobresale en la vida. Mantente firme. Lucha en contra de tus dificultades. Cuando quieras abandonar, recuerda la historia de "el helecho y el bambú." Nunca olvides vivir en la verdad, no dejes que la mentira se vuelva un lazo en tu familia. Existen varias cosas que ya no se recuperan después de perderlas y otras necesitan de mucho esfuerzo para ser recuperadas:

- ❖ La vida después de perderla (no recuperable)
- ❖ Las palabras después de decirlas (no recuperable)
- ❖ Las oportunidades (mucho esfuerzo)
- ❖ La confianza después de perderla (mucho esfuerzo)
- ❖ El tiempo después de mal gastarlo (no recuperable)

Por esta razón, te invito a disfrutar tu presente y a reconocer que existen cosas que ya no podrás recuperar. Mejor enfócate en ser feliz. Recuerda que la felicidad es una decisión. En otras palabras:

La felicidad real, es buscar la felicidad de los demás, pero sin olvidar amarte a ti mismo.

La felicidad falsa, es creer que con riquezas y posesiones, serás feliz.

La felicidad única: es la misericordia con la gente; la ayuda mutua, la sinceridad que tus labios pronuncian y el amor que conserva tu corazón.

La felicidad no consiste en reír mucho.

La felicidad es ser tú mismo pero sin rencores, envidias y sin odio en tu corazón.

Me despido con un fuerte abrazo para decirte que eres único. Un gran deseo de que te vaya mejor en la vida y una bendición en tu caminar, para que la vida te de lo mejor. Quiero despedirme con un sueño que tuve y con algunas frases para reflexionar.

Mi Sueño

Observé a mucha gente. Imagínate el planeta tierra desde la atmósfera. Así fue mi sueño. Vi a muchos campesinos cultivar la tierra. Vi a gente rica con carros. Nada diferente al mundo de ahora. La gente estaba en movimiento. Los campesinos trabajaban duro para que el mundo tuviera alimento. La gente profesional se encargaban de dar educación a los hijos de los campesinos que trabajaban. También se aseguraban de mandar y distribuir esta comida a todos los hogares. Los doctores se encargaban de cuidar la salud de la gente que daba educación a los niños y de esa gente que trabajaba diariamente para producir el alimento. Los constructores de casas se encargaban de construir a todos un hogar digno, a cada persona que trabajaba en el campo, a los que distribuían la comida y cuidaban de las familias. Sin preocupación alguna, un día de la semana todos descansaban. Todos se la pasaban en su casa con su familia. Este día todos jugaban, compartían, platicaban y convivían juntos.

Al siguiente día todos salían al mundo a dar un servicio que ayudaría a todos en común. Ellos eran felices porque sabían que tenían un hogar donde vivir, comida en su mesa y el cuidado para tener una buena salud.

En conclusión, observé un mundo en donde no existía el dinero, las religiones, la política, ni el ego.

¿Suena como una fantasía verdad? sabemos que esto jamás sucederá. Pero si encontramos paz en nuestras vidas las probabilidades que esto suceda podrían crecer. En tus manos y en las mías esta la responsabilidad de convertir este sueño en una realidad. ¡No te rindas!

Frases y Reflexiones

Mantén un claro objetivo y la vida te ayudará a encontrarlo. Metas borrosas, resultados borrosos. Metas claras, resultados claros.

—*Camilo Cruz*

Recuerda que con nuestras experiencias nos hacemos más fuertes, pero con las experiencias de los demás, nos deberíamos hacer más inteligentes. Vuélvete inteligente con tus experiencias. Pero, vuélvete sabio con las fallas de los demás.

෴

No olvides que la puerta de tu corazón tiene una cerradura. Esa cerradura se encuentra dentro de ti. Es por eso que nadie sabe lo que piensas, lo que deseas, ni lo que decides. Eres tú quien decide a quién le abres y a quién no. Abre al que te ama, cierra al que te critica. Abre al que te respeta, cierra al que te humilla. Asegúrate de abrir tu corazón a personas nobles, de buenos hábitos y de un corazón amoroso. Pero ante todo; Abre tu corazón a Dios. El día que le abras tu corazón a El, te darás cuenta que no necesitas de nadie, ni de nada para ser feliz.

Las ideas no llegan por leer mucho. Esas son ideas de otros. Las mejores ideas vienen de lo profundo de tu ser. Cuando te inspiras en un árbol, una planta, un objeto, la gente o simplemente cuando buscas encontrar algo bueno dentro de ti. No olvides que perdiendo es como se aprende; que con la perseverancia se logran las metas; reflexionando es como se encuentran buenas ideas. Pero es necesario accionar, tener fe y mucha paciencia.

ಌ ಌ ಌ ಌ ಌ ಌ

Las personas de carácter ganan batallas. Pero solo los valientes continúan peleando. Tú eres valiente y fuerte. Nunca olvides que somos siervos hijos de Dios, y que mientras Él sea quien nos dirija, seremos invencibles.

ಌ ಌ ಌ ಌ ಌ ಌ

Cuando no crean en tus ideas, no es porque tus ideas sean malas. Es porque envidia tu inteligencia. Deja que tus ideas fluyan, examínalas y llévalas a cabo. Pero si fallas, recuerda que después de un árbol caído, siempre crece un retoño nuevo.

ಌ ಌ ಌ ಌ ಌ ಌ

No busques la voluntad del ser humano; porque ni ellos están seguros de cuál es la verdad. Busca la voluntad de Dios, porque Él es la verdad. Recuerda que si ofendemos a la gente, Dios podría ser nuestro intermediario. Pero si ofendemos a Dios, ¿Quién nos podría ayudar?

El jefe de tu trabajo es quien te puede dar una mejor posición y un mejor sueldo. En la vida, solo Dios es quien te puede dar eso que estás buscando. Haciendo su voluntad es como lo conseguiremos. Mientras muchos pierden el tiempo buscando la felicidad en cosas, lugares y personas; tú deberías saber dónde se encuentra ¿Dónde? Ahí en tu corazón donde se encuentra Dios.

છ ભ ભ ભ ભ ભ

Tú puedes volver a empezar, renacer y crecer. Dentro de ti esta la fortaleza para avanzar, el don para crear y la virtud para amar.

છ ભ ભ ભ ભ ભ

Hoy es el día perfecto para decir: "quiero ser una persona diferente". No olvides que luchar por la perfección no es malo. Te trasformará en una persona valiosa. Lo que sí es malo, es no querer intentarlo, porque decimos que el ser perfecto no existe.

છ ભ ભ ભ ભ ભ

Recuerda: cuando nacemos, no entendemos, cuando maduramos creemos saberlo todo. Pero cuando somos ancianos, morimos sin saber nada. Somos una pequeñísima partícula en este mundo. Y tenemos mucho por aprender. Es una lástima que nuestro orgullo, nos lleve a decir que lo sabemos todo.

Nuestro vocabulario, define lo que nuestro corazón está sintiendo. Por eso es preciso callar cuando se está enojado. Una emoción con enojo, es una emoción que lastima.

☙❦☙❦❦❦

Que tus labios no se abran, sino es para decir: te quiero, te perdono, te amo, te admiro, te acepto, te entiendo, te escucho. En otras palabras, de un corazón sucio nunca saldrán palabras bellas. El que deja que Jesús sea su guía es quien aprende a callar cuando vamos a lastimar, y hablar cuando se da esperanza.

☙❦☙❦❦❦

Si la gente critica tus ideas, es porque son buenas. Si la gente critica tu personalidad, es porque eres único. Si la gente dice que eres demasiado dedicado. Es porque eres responsable. Nunca dejes de hablar de lo grandioso que sería el mundo sin malicia. Entrega todas tus ideas a la gente y dedícate a hacer lo que amas.

☙❦☙❦❦❦

En la vida, es solo cuestión de valorar, amar, respetar y vivir intensamente a cada instante. Nunca olvides que el que valora a los demás se gana muchos amigos. El que aprende a amarlos se gana el éxito pero sólo quien vive intensamente es quien gana su propia felicidad.

La vida es tan simple. Si amas, ganas un tesoro. Si envidias, le deseas un tesoro a esa persona. Si maldices, llamas a las malas experiencias a tu vida. Si ayudas, te estás construyendo un castillo. Si humillas te estás golpeando a tu propio corazón.

Enfrentar tus miedos es de valientes, pero nunca rendirse es de ganadores. Tus miedos te causarán perder las oportunidades. Enfrenta con fuerza lo que crees te está lastimando. Al final te darás cuenta de que has ganado mucho.

La vida te dará retos a superar, gente a quien amar y cosas que valorar. Los retos te hacen fuerte, las personas te hacen inteligente y las cosas que valoras te darán felicidad. Recuerda valorar la amistad, la lealtad, la honestidad, el servicio, el amor y todo a aquello que hace a una persona incomparable.

Ama tu prójimo como a ti mismo, nunca maldigas a tus padres y da sin condición. Si llevas a cabo estos principios, te aseguro que más que ser exitoso, serás más feliz.

No te regalo un carro pero si una amistad incondicional. No te regalo una casa, pero si toda mi confianza. No puedo arreglar tu vida, pero cuenta conmigo en las buenas y en la malas. Nunca olvides que el mejor amigo no es quien te da comodidades, pero si el que a pesar de tus errores, tu actitud y fallas sigue ahí a tu lado.

ღ ෆ ෆ ෆ ෆ ෆ

La falta de fe en ti mismo, podría ser la única diferencia entre fallar o triunfar. Con estudios o sin ellos, tú puedes ser grande en la vida. Con dinero o sin él, tú puedes llegar a ser un mejor individuo.

ღ ෆ ෆ ෆ ෆ ෆ

Si la gente no creen en ti, no estás del todo mal. Pero si no crees en ti mismo, significa que todo está perdido. Creer en ti y tener fe en tus habilidades son el primer paso a la paz interior.

ღ ෆ ෆ ෆ ෆ ෆ

Quien ama la verdad, la justicia, el amor y hace de estas cualidades parte de su vida, nunca será abandonado. Todos sabemos lo que hacemos y por qué lo hacemos. Todos sabemos lo correcto y en qué necesitamos mejorar. Si estás esperando a que te amen, es como esperar a que el mar se seque. Recuerda que amar sin medida, es dar esperanza a una persona.

Lo hermoso de la vida es que nosotros tenemos el control de ella. Más si se trata de nuestra felicidad. No tenemos el control de una tormenta, de un tsunami o de un terremoto, pero si tenemos el control de nuestras emociones.

En los momentos de tempestad, lucha. En los momentos de soledad respira. En los momentos de felicidad disfruta, pero nunca dejes de pensar positivamente en todo momento.

Sufrir por qué no te aman, es perder la oportunidad de ser feliz. Amar la vida es vivir con armonía. Por esta razón, nunca olvides: La grandeza de tu alma está en la grandeza de tus acciones.

Tener a alguien difícil en tu vida te ayuda a mejorar como persona. Tener a alguien que te amé te ayuda a continuar con tus problemas. Ama y no tendrás problemas. Busca mejorar y las personas difíciles serán tus mejores aliados.

Lo que sucede en tu vida tiene un propósito. Todo lo que sucede en tu vida, te da una gran lección.

Existen muchas cosas que podremos remediar. Existen momentos los cuales tendremos la oportunidad de volver a disfrutarlos. Existen lugares a los cuales, podemos volver a recorrerlos. Por el otro lado, no olvidemos que hay cosas que ya no tienen solución, momentos los cuales no volverán, sin importar si las disfrutamos o no, y que por este mundo pasamos una sola vez.

En una ocasión olvidé mi mochila en mi casa, y regresé por ella. Olvide revisar unos papeles y después tuve que hacerlo. También olvidé el cumpleaños de mi tía, pero después tuve que llamarle para disculparme. Hace unos años, me olvidé que tenía que luchar por mis sueños, pero hoy estoy comprometido. También me acuerdo que en un tiempo hablé y no me escucharon, también amé y no me amaron, inclusive pedí y no me dieron. Me senté a reflexionar y me decepcioné de la vida. Más tarde comprendí que hice las cosas mal. Porque debí escuchar al triste, dar al que lo necesitaba y amar al que no me amó.

Si deseas que te sirvan, te decepcionarás de la vida. Pero el que sirve a los demás, es quien gana muchísimo más. Amar, escuchar y dar. Son otras tres claves, para una vida feliz.

No te desalientes...

Amigo mío que terminas de leer este libro.
No te felicito por las veces que has triunfado,
pero si por las veces que te has levantado.

No estoy orgulloso por tu avance,
Pero si porque quieres seguir.
No te felicito por tus logros,
pero sí me alegra que seas mejor...

Acerca del Autor

Ramiro Castillo es originario del hermoso estado de Puebla, en México.

El amor y apoyo incondicional de sus padres Constantina y Felipe; al igual que el de sus hermanos Ismael, René, Saúl y Rocío juegan un papel muy importante en la obtención de sus logros. Desde los siete años de edad tuvo grandes sueños: llegar a escribir libros, y hablar en público; y también convertirse en un Master de Artes Marciales. Estas inquietudes sembraron las semillas de la superación y perseverancia.

Eventualmente, a la edad de veinte años y lleno de sueños y optimismo, emigró a los Estados Unidos, llegando a la ciudad de Union City, New Jersey, una tibia mañana de verano. Al comienzo laboró en una fábrica, también lavaba platos y limpiaba apartamentos. Trabajó, estudió y practicó Tae Kwon Do al mismo tiempo, no fue fácil pero valió la pena. Su primer reconocimiento fue en el 2011 por la corporación Orgullo Hispanoamericano dirigido por el presidente Germán Santana.

En la escuela TKK Tae Kwon Do, recibió varios reconocimientos de Disciplina y Dedicación, y en mayo 3 del 2014 el Grand Master Kyung Bai An, presidente de la organización United States Taekwondo Leaders Union, le entregó un reconocimiento como Instructor del Año.

Una de sus satisfacciones más grandes fue poder entrenar y motivar —por medio del Tae Kwon Do— por más de ocho años a niños, jóvenes y adultos. Esta experiencia reavivó su inspiración por dar conferencias de superación personal al público en general. Ha escrito tres libros. Su primera obra, "Nuestras Vidas, ¿por qué el yo me lastima?, y ¿por qué el Tú me hace feliz?" fue publicada en el 2012. Su segundo libro "El éxito eres tú" publicado en el 2014. Un Audio Libro "Como ser feliz en los momentos difíciles" y el más reciente que tienes en tus manos.

Su meta como escritor y motivador es ayudarte a desarrollar tus talentos, orientarte hacia el éxito y mostrarte la verdadera felicidad. Tal vez eres una persona profesional, un empresario, dueño de negocios, o ama de casa. Sin duda alguna, los principios que aprenderás en sus libros serán de mucha ayuda en tu vida.

Le gusta escribir experiencias en las cuales te puedas identificar, y así encontrar respuesta a tu difícil situación. Está convencido de que la felicidad está unida a la prosperidad. Te asegura que si te comprometes y pones en práctica los conceptos de sus libros, no cabe duda que trasformarás tu vida.

Su prioridad es compartir una sola cualidad, la cual te guíe al éxito desde el primer momento en que la pongas en práctica. Todos sabemos que existen muchas definiciones acerca del éxito y tú podrías tener tu propia definición. Su objetivo es enseñarte una clave la cual te pueda ayudar de inmediato.

Su misión como conferencista es ayudarte a encontrar el camino por el cual naciste y alcanzar la felicidad y la prosperidad al mismo tiempo. Recuerda que el éxito no es un proceso, es una decisión. Tú eres capaz de alcanzar tus metas, lo que necesitas es creer en ti mismo. Las oportunidades no existen, tú las construyes. Eres el dueño de tu vida y para tomar el control de ella, necesitas luchar por tus sueños. La felicidad es solo el resultado de tus decisiones; si no eres feliz, no es porque no has alcanzado tus metas, sino porque no has tomado la decisión de serlo. En otras palabras, somos el resultado de nuestras decisiones.

¿Qué es realmente el éxito? ¿Por qué muchos avanzan y algunos se quedan en el camino? ¿Conoces a alguien con prosperidad, pero infeliz, o alguien de escasos recursos y en cambio es feliz? La pregunta más importante es:

¿Te gustaría ser feliz y tener prosperidad en tu vida?

El éxito para él, no es el final de una larga jornada de trabajo y sacrificio. Es solo el inicio de una aventura, la cual disfruta día a día. Sin importar cuál sea tu caso, te comparte que hemos nacido con un propósito; pero sin darnos cuenta avanzamos y vivimos según nuestras creencias. He incluso, en ocasiones nos desviamos de nuestro propósito. Su deseo —si se lo permites— es impulsarte a reencontrar tu destino.

Su lema favorito es: "El mejor es quien hace cosas difíciles y se reta a sí mismo a lo imposible. Se tú mismo, pero con fuerza y perseverancia."

Amigo o amiga, te invitamos a vivir una experiencia única hacia el éxito. Te retamos a tomar la decisión el día de hoy y te alentamos a nunca rendirte a pesar de tus dificultades. Te proponemos caminar juntos por esta hermosa aventura llamada vida; la cual ya te pertenece desde el primer día que naciste. ¡Ya eres una persona de éxito, naciste para ser un triunfador o triunfadora!

Es hora de tomar el volante de tu vida y experimentar un éxito que en verdad vale la pena.

¡Animo, estamos contigo y a tus órdenes!

Otras obras del Autor

Nuestras Vidas: Por qué el Yo me lastima y por qué el Tú me hace feliz

"Las dificultades en nuestra vida siempre están a la orden del día, las soluciones no siempre las encontramos" En este libro encontrarás las reflexiones, para entender porque las cosas malas nos suceden a cada instante. Te compartirá las claves, para encontrar la razón de querer cambiar o de seguir luchando. Entenderás las soluciones de los errores que estamos cometiendo y que sin darnos cuenta nos detiene a progresar.

Aprenderás también, como a vivir realmente tu vida día a día sintiendo la felicidad que todos buscan. Un aprendizaje que podrás aplicar en todo momento de tu vida, como en el trabajo, familia, y amigos.

En este libro encontrarás las razones porque es muy importante pensar en los demás, antes que nosotros mismos. Te ayudará a buscar las claves que hasta los más grandes ponen en práctica. Te brindará valores, conocimiento, superación y más. Te mostrará que la felicidad se encuentra en lo que brindamos a la gente, y no en lo que la gente pueda darnos.

El Éxito eres Tú

En nuestro diario vivir siempre hay muchas preguntas, que nos están llevando a un estrés de no saber qué hacer. ¿Quiénes somos? ¿Hacia donde vamos? ¿Por qué las cosas pasan? ¿Por qué tanta discriminación? ¿Cuál es nuestra misión como seres humanos? ¿Qué es lo que tengo que valorar? ¿Por qué tanta maldad? Y muchas más preguntas que tal vez te están llevando a no entenderte a veces ni a ti mismo.

En este libro te estaremos compartiendo las preguntas y respuestas, tal vez no todas, pero yo sí creo que las más frecuentes y las más indispensables para aprender a valorar lo que tienes, y de esa manera esperar con paciencia lo que aun no has alcanzado. Encontraras los valores que son indispensables y los riesgos que tienes que correr para alcanzar cada una de tus metas. Es un camino de alto aprendizaje que te llevara a reflexionar muchas cosas, que tal vez sean tus preguntas. Y que aquí encontraras las respuestas de lo que en verdad podría ser un buen cambio y un mejor avance.

Audio Libro:
Cómo ser feliz en los momentos difíciles

Este audio libro te ayudará a confrontar los momentos difíciles. Te compartirá seis pasos para impulsarte a un nuevo nivel. Con las historias y ejemplos encontrarás el por qué no has sido feliz.

En los momentos de tu vida, te guiará para actuar con paciencia. Comprenderás que los momentos difíciles son parte de la vida. Y que cada momento es un procesó para ser mejor individuo.

¡Estás invitado a una aventura que cambiara tu vida!

Ramiro Castillo es escritor, conferencista y capacitador en ventas, motivación y liderazgo. Es presidente y fundador de la corporación *Prosperity and Happinness in Action*. Imparte seminarios a corporaciones, iglesias y organizaciones sin afán de lucro.

Puedes contactarlo:

Tel: (201) 665-6020
Facebook: Ramiro Castillo Conferencista
www.ramirocastillo.com

Made in the USA
Middletown, DE
24 April 2019